Julien Dohet

préface de Sybille Mertens

une coopérative citoyenne

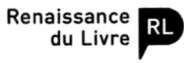

Renaissance du Livre
Drève Richelle, 159 - 1410 Waterloo
www.renaissancedulivre.be
▪ Renaissance du Livre
▪ @editionsrl

Julien Dohet
Dis, c'est quoi une coopérative citoyenne ?

Directrice de collection : Nadia Geerts
Maquette de la couverture : Corinne Dury
Illustration de couverture : Shutterstock
Correction : André Tourneux
Édition : Anne Delandmeter
Imprimerie : Arka, Pologne

ISBN : 978-2-507-05769-5
Dépôt légal : D/2023/12.763/01

© Renaissance du Livre, 2023

Tous droits réservés. Aucun élément de cette publication ne peut être reproduit, introduit dans une banque de données ni publié sous quelque forme que ce soit, soit électronique, soit mécanique ou de toute autre manière, sans l'accord écrit et préalable de l'éditeur.

Julien Dohet
préface de Sybille Mertens

une coopérative citoyenne

Préface

Nous vivons une époque de basculement. Quels que soient notre âge et notre rôle dans la société, nous percevons (ou commençons à percevoir) qu'il va falloir fondamentalement reconfigurer nos modes de production et de consommation. En effet, malgré sa grande efficacité, l'organisation actuelle du système économique produit des risques systémiques majeurs et – hélas – avérés: croissance des inégalités sociales, exclusions, migrations subies, conflits, réchauffement climatique, effondrement de la biodiversité, pollutions, épuisement des ressources.

Pour faire face à ces risques, de nombreuses pistes sont souvent évoquées: l'importance d'une vision à long terme, la relocalisation de l'économie, le développement d'une économie circulaire, moins carbonée et régénérative, la refonte d'un système de sécurité sociale, l'instauration d'une gouvernance mondiale effective, la mobilisation de la solidarité des citoyens et leur participation dans la gouvernance des territoires et des organisations.

Pour activer ces différentes pistes, les experts qui mènent des recherches sur la transition du système économique savent qu'il faudra s'atteler simultanément à trois grands chantiers : faire évoluer les comportements individuels, redonner aux États la capacité de réguler leur territoire, et –*last but not least*– s'écarter du modèle de l'entreprise capitaliste, conçue principalement voire uniquement pour optimiser le rendement de ses actionnaires, au détriment des enjeux sociaux et environnementaux.

Le présent ouvrage s'inscrit dans ce troisième chantier. Il nous permet de nous familiariser avec un modèle original d'entreprise : celui de l'entreprise coopérative. Comme le montre l'auteur, ce modèle n'est pas récent mais il est d'actualité. Étudié et expérimenté partout dans le monde, dans des secteurs d'activité aussi variés que l'agro-alimentaire, l'énergie, la mobilité ou la finance, le modèle coopératif suscite en effet un intérêt renouvelé parce qu'il est particulièrement en phase avec les défis de notre temps. Combinant démocratie et solidarité, il promet aux personnes qui s'en emparent de reprendre la main sur leur avenir économique, de lutter contre les phénomènes de pouvoir de marché et d'exclusion des plus faibles, d'agir dans la sphère économique en accord avec leurs valeurs. On le considère également comme une forme idéale pour protéger l'intérêt des générations futures et gérer les « communs », ces ressources partagées et gérées par les communautés. Enfin, il semble aussi être une source importante de résilience pour les territoires qui hébergent des entreprises coopératives.

Julien Dohet nous présente ici un texte intelligent sur le modèle coopératif. Mais attention, ce n'est pas seulement un texte de plus sur un sujet d'actualité. C'est un nouveau texte. Nouveau dans le ton et dans la forme. C'est un subtil mélange entre simplicité d'expression et densité des idées. Et c'est efficace: en tant que lecteur, on en ressort plus cultivé, plus curieux et peut-être même plus motivé à agir. Pour y arriver, il m'apparaît que l'auteur a activé cinq ressorts.

Tout d'abord, Julien Dohet a choisi de s'adresser avec affection à son filleul. À travers ce destinataire personnifié, c'est chacun d'entre nous que l'auteur considère comme un compagnon de route. Un compagnon qui aurait l'avenir devant lui mais qui devrait s'atteler à le bâtir sous peine de le subir. Ce faisant, son texte touchera notamment celles et ceux qui se préoccupent de la génération qui devient adulte dans cette période de basculement.

Deuxièmement, Julien Dohet se met au service de son texte. Fin connaisseur de l'histoire du mouvement ouvrier, et personnellement engagé dans une structure syndicale, il ne cherche pas seulement à instruire le lecteur, mais il s'attache aussi à le convaincre. Il s'agit bien de transmission. En lui, l'expert et le militant se complètent pour transmettre avec enthousiasme et rigueur ce qu'il sait d'un modèle d'entreprise qu'il considère comme prometteur parce que non capitaliste, et donc susceptible d'en dépasser les limites. Son texte intéressera celles et ceux qui sont en recherche d'alternatives économiques en cohérence avec leurs valeurs.

Troisièmement, en adoptant une perspective historique, Julien Dohet nous rappelle d'abord que l'aspiration à une « autre société » était déjà présente dès la fin du XIXe siècle et qu'elle s'est notamment traduite par le développement de projets coopératifs menant à de magnifiques réalisations. Il y a une filiation évidente entre ces projets-là et ceux qui se développent aujourd'hui. Par de nombreux allers-retours entre l'histoire et notre présent, le texte rend très bien compte de cette filiation et offre des balises pour le futur. Explorer le passé permet aussi à l'auteur de situer les expériences coopératives dans leur contexte global. Et cela change tout. Car ce modèle innovant n'est pas hors-sol : on comprend mieux la pertinence de la formule coopérative quand on la relie aux problèmes concrets, vécus par des groupes entiers de la société, et auxquels la coopérative a apporté des solutions. Ce texte intéressera les pragmatiques, qui apprennent des expériences passées pour trouver les solutions aux problèmes d'aujourd'hui.

Ensuite, en nous racontant des histoires vraies, Julien Dohet nous propose un texte incarné. C'est un récit savoureux qui se lit d'une traite et auquel on revient ensuite plus posément. Par des exemples adéquatement choisis, l'auteur réussit à expliquer concrètement en quoi les coopératives contribuent à un véritable projet de société, qu'elles sont portées par des personnes en recherche de sens et qui veulent reprendre ensemble du contrôle sur le système économique parce que celui-ci répond mal ou insuffisamment à leurs besoins. Ce texte va bien au-delà des discours et séduira celles et ceux qui valident les idées par l'action.

Enfin, Julien Dohet livre un texte interpellant et nous suggère différents niveaux de lecture. En quelques dizaines de pages, on découvre de belles réalisations collectives, on en saisit les enjeux, on découvre la force de l'action collective mais aussi ses difficultés et on finit par se poser des questions. Parce qu'il nous a offert un socle de connaissance qui nous évite de longs détours, Julien Dohet se permet – en filigrane de son texte – de nous interroger : si ce modèle coopératif est si prometteur, de quoi a-t-il besoin pour tenir ses promesses ? Ce texte atteindra les personnes qui, au jour le jour, désirent s'engager à soutenir le développement d'un système économique souhaitable.

Julien Dohet fait justement partie de ces bâtisseurs d'avenir. Et il apporte sa pierre à l'édifice. Il sait que les modèles alternatifs sont souvent ignorés ou méconnus. Son texte donne de la légitimité aux initiatives coopératives. Il postule qu'il s'agit là d'une voie possible et il enrichit notre mémoire collective, en rappelant les combats, les échecs et les victoires de nos prédécesseurs. C'est là une lecture qui nous aura fait progresser, individuellement et surtout collectivement.

Bonne lecture !

Sybille Mertens

Je n'avais plus vu mon filleul depuis quelques années. Qu'est-ce qu'il avait grandi ! Il m'avait contacté parce qu'il avait besoin, disait-il, d'un conseil. Et j'étais curieux : qu'allait-il me demander ? Il était à présent étudiant à l'université, mais j'ignorais tout de sa vie actuelle, je ne le voyais plus beaucoup. Je me demandais vraiment comment j'allais pouvoir l'aider. Et je ne m'attendais pas du tout à la question qu'il me posa d'emblée :

Voilà, je cherche un job étudiant, et j'ai vu dans mon quartier une petite annonce : c'est un petit magasin d'alimentation qui cherche des étudiants à l'année. Ils se présentent comme une coopérative, mais je ne sais pas du tout ce que c'est... Il me semble que tu travaillais là-dessus, à un moment donné, non ?

Oui tu as une bonne mémoire. Cela fait maintenant une vingtaine d'années que je m'intéresse aux coopératives et que je suis également coopérateur dans plusieurs projets de natures diverses.

J'avais raison de venir t'en parler alors ! J'ai remarqué que beaucoup de personnes autour de moi, que ce soit dans leur job étudiant, intérimaire ou dans leur premier emploi ont clairement l'impression de n'être que des pions, des machines. Au-delà de gagner un salaire, elles aimeraient pouvoir plus s'impliquer, donner leur avis sur la manière dont la société où elles travaillent fonctionne. Tu penses que, si je travaille dans une coopérative, je pourrais remédier à cela ?

Effectivement, ce sentiment qu'un salaire ne suffit pas est de plus en plus partagé. Ce que de plus en plus de personnes recherchent aujourd'hui dans leur travail, c'est un sens à ce qu'elles font. Et ce sentiment est totalement justifié. Car, dans une société capitaliste[1] comme la nôtre, le travailleur vend sa force de travail contre une rémunération. Il signe d'ailleurs un contrat, comme quand on achète ou loue une voiture ou une maison. Ce contrat de travail définit les conditions auxquelles il vend son temps, sa liberté, à son employeur en échange d'un salaire. C'est ce qu'on appellera le salariat, même si certains indépendants sont dans une situation similaire.

Le salariat s'est développé en même temps que la révolution industrielle et le capitalisme, qui est basé sur la propriété privée des moyens de production.

----

1. Voir dans la même collection le livre de Xavier Dupret, *Dis, c'est quoi le capitalisme ?*, 2019.

Dès ce moment, des personnes ont défendu une autre manière de produire les richesses et de posséder les moyens de les produire en parlant de coopération. Les coopératives sont donc une alternative au capitalisme. Nous y reviendrons, mais elles naissent au même moment que le socialisme[2], le communisme, le syndicalisme, le mutuellisme… Elles sont une des manières via lesquelles les gens vont essayer de se réapproprier le contrôle de ce qu'ils font au moment du grand bouleversement que constitue la révolution industrielle de la fin du XVIIIe et du début du XIXe siècle.

Les coopératives dont j'entends parler autour de moi, notamment pour favoriser l'accès à une alimentation saine, sont donc non seulement un autre moyen de consommer mais aussi une autre manière de faire fonctionner une entreprise ?

Oui, mais n'oublie pas que consommer autrement peut se faire aussi via d'autres structures que les coopératives. Par exemple, des magasins bio et/ou locaux, la vente directe à la ferme, un groupe d'achat commun (GAC)… C'est donc moins le service qu'elles rendent que la manière dont elles fonctionnent qui distingue les coopératives d'autres sociétés. On ajoutera, pour ne rien simplifier dès le départ, qu'en

....
2. Voir dans la même collection le livre d'Édouard Delruelle, *Dis, c'est quoi le socialisme ?*, 2022.

matière de fonctionnement différent, on retrouvera aussi d'autres formes juridiques au sein de ce que l'on appelle l'économie sociale[3]. Les sociétés regroupées sous ce concept ont comme première raison d'être de répondre aux besoins des membres de la société, plutôt que de viser le profit. C'est cette finalité sociale qui est au cœur de leur projet.

Mais il faut quand même qu'elles soient rentables, ces entreprises sociales ?

Bien sûr, comme toutes les entreprises, mais la finalité sociale et les conditions de travail y sont prioritaires, et non la rémunération des actionnaires. Nous le verrons, ces objectifs sont très similaires à ceux des coopératives.

Aujourd'hui, les coopératives sont présentes dans bien d'autres secteurs que la consommation alimentaire. Leur modèle de fonctionnement est à la fois stimulant et questionnant dans ses objectifs et ses limites. Le terme de coopération vient d'ailleurs tout simplement du latin *co-operare* qui veut dire « travailler ensemble/avec ». Le terme a été forgé au début du XIXe siècle par Robert Owen, un théoricien britannique du socialisme. Il est l'un des penseurs de ce système et l'a d'ailleurs expérimenté.

....
3. Voir par exemple les sites www.economiesociale.be et www.saw-b.be.

Travailler ensemble ? On est donc à l'inverse des doctrines économiques qui parlent de compétition, de sélection des meilleurs, partant de l'idée que l'homme serait un loup pour l'homme ?

Exactement. Ceux qui ont développé l'idée de coopérative, et mieux encore, qui l'ont concrétisée et ont prouvé que cela pouvait fonctionner, pensent que la compétition, la mise sur le côté ou l'élimination des plus faibles, n'est nullement une fatalité ni la seule manière de faire évoluer une société. À l'image des épidémiologistes anglais Richard Wilkinson et Kate Pickett, auteurs d'un important livre sur le sujet, ils sont persuadés que « l'égalité est meilleure pour tous ». Contrairement à un discours trop communément admis, même dans la nature, de nombreux exemples existent qui montrent que les espèces survivent mieux et prolifèrent plus via la coopération, la symbiose, que via la compétition et l'élimination de l'autre.

Les coopératives participent donc bien à un autre modèle de société, plus démocratique ?

C'est même à mes yeux leur principal intérêt avant les services éventuels qu'elles peuvent rendre à leurs membres. Elles ont aussi comme immense atout de combiner l'utopie d'un autre monde et la mise en place aujourd'hui et maintenant d'expériences concrètes de cet autre monde. À une époque où la démocratie se retrouve en crise, son approfondissement dans la sphère économique est une piste très stimulante et à mon avis indispensable. Ce n'est d'ailleurs pas pour rien que coopérative et syndicalisme ont des liens. Les deux mouvements sont nés dans le même contexte, pour tenter d'apporter des solutions à la misère et à la perte de pouvoir de la classe ouvrière sur sa propre vie.

Je ne savais pas que les coopératives avaient une longue histoire. J'ai l'impression de n'en entendre parler que depuis quelques années !

Leur histoire a presque deux siècles. La seconde moitié du XIXe siècle voit émerger les premières expériences en la matière, et leur développement s'accentue au tournant du XIXe et du XXe siècle. Leur âge d'or se situe dans la première moitié du XXe siècle, avant un lent déclin à partir de la Seconde Guerre mondiale, qui signe alors leur quasi-disparition dans les années 1980. Mais très vite, sur un modèle plus petit, de nouvelles initiatives vont naître et, depuis une vingtaine d'années, on constate un net regain de l'idée coopérative, qui s'accentue encore ces dernières années, depuis la crise bancaire de 2008. Parti de la question de l'alimentation, le modèle est aujourd'hui présent dans de nombreux secteurs d'activités.

Je connais en effet l'un ou l'autre magasin d'alimentation coopératif, mais il y a donc d'autres initiatives ?

Oui, je t'en reparlerai. Mais avant, j'aimerais te parler un peu de celles et ceux qu'on appelle les 1336, une illustration parfaite de ce que nous venons d'évoquer.

Les 1336 ?

C'est le nom familier donné aux membres d'une coopérative, La «Société française coopérative ouvrière provençale de Thés et Infusions» (en abrégé Scop-Ti), fondée et gérée par les travailleuses et travailleurs d'une usine qui fabrique et commercialise toute une gamme de thés. Ce nom de 1336, qui est aussi la marque principale sous laquelle ils commercialisent leurs produits, correspond au nombre de jours qu'a duré le conflit social qui a opposé les travailleuses et travailleurs à la multinationale Unilever. Ce groupe avait repris l'usine Fralib, produisant le thé Éléphant, mais avait annoncé en septembre 2010 son intention de fermer l'usine. Le conflit, qui durera trois ans et 241 jours, se termine par la cessation de ses activités par Unilever, qui conserve la marque Éléphant, mais cède les bâtiments et les machines au personnel ayant mené la lutte contre la fermeture. 58 anciens membres du personnel, soit une part seulement des anciens salariés, vont alors se lancer dans l'aventure d'une coopérative leur permettant de continuer à exercer leur métier.

Une multinationale a donc cédé l'outil de production à ses anciens travailleurs qui ont ainsi pu continuer à travailler et à fabriquer du thé ?

Oui, c'est clairement l'histoire, trop peu connue, d'une victoire grâce à la longue lutte des travailleurs et ayant débouché sur une expérience qui dure maintenant depuis neuf années.

J'ai eu l'occasion en 2018 de visiter l'usine, à Gemenos, près de Marseille, dans le sud de la France. Si tout n'est pas toujours rose, on y ressent tout de suite une ambiance particulière. Et il est important de voir que ce n'est pas que sur la production seule que la coopérative continue d'investir, mais aussi sur la recherche de nouvelles saveurs et le développement de la commercialisation. Cette dernière se fait principalement par l'élargissement d'un réseau militant et la distribution dans des lieux associatifs, même si le fait qu'ils produisent les marques propres de deux groupes de la grande distribution française est indispensable à la survie financière du projet. De même, la présence de leurs produits dans les super- et hypermarchés de toute la France est obligatoire pour écouler des volumes permettant de faire tourner l'important outil industriel qu'ils ont récupéré. Et il est possible de les trouver, ou de se les faire livrer, en Belgique.

Effectivement, je n'avais jamais entendu parler de cette histoire. Mais avant que tu ne développes les initiatives qui existent aujourd'hui, je voudrais que tu reviennes sur le fait que les grands principes des coopératives citoyennes que tu as énoncés remontaient aux origines. Avant de reparler des coopératives actuelles et des questionnements qu'elles soulèvent, pourrais-tu développer cette histoire ?

Volontiers ! Te souviens-tu que j'ai expliqué que le terme de coopérative avait été inventé par un Anglais, Robert Owen ? C'est aussi en Angleterre qu'il faut aller pour trouver la coopérative qui en inspirera de nombreuses autres. En 1843 à Rochdale, près de Manchester, dans le nord-ouest industriel de l'Angleterre, les usines textiles tournent à plein régime. Des ouvriers tisserands ont échoué dans une revendication de hausses salariales et se trouvent sans emploi, presque sans pain (alors la principale source d'alimentation). Douze tisserands imaginent alors de se regrouper pour créer une coopérative ayant comme ossature un magasin d'alimentation. Rejoints par seize autres travailleurs, pas tous actifs dans le textile, ils enregistrent le 24 octobre 1844 les statuts de la « Société des équitables pionniers de Rochdale ». Et le 21 décembre de la même année, ils inaugurent un petit local qu'ils louent où sont rassemblés du beurre, du sucre, de la farine de froment et d'avoine. Les débuts sont modestes et difficiles. Peu de produits, des prix parfois plus élevés qu'ailleurs… Mais le projet se développe malgré tout via un intense travail de propagande et surtout par le principe de la ristourne, principe qui deviendra un des fondements de base du système.

La ristourne ? Peux-tu expliquer ce que c'est ?

La ristourne est le fait qu'une partie des bénéfices (significativement appelés «trop-perçus») réalisés par les ventes de la coopérative sont reversés aux membres de celle-ci en proportion des achats qu'ils y ont effectués. C'est donc la participation active, et non le nombre de parts, qui est importante. Ce qui encourage évidemment les membres à acheter au magasin.

Ça ressemble fort aux points que les supermarchés aujourd'hui accordent sur les cartes de fidélité des clients par tranche d'achats (avec même parfois des suppléments via des promotions sur des produits), non ?

C'est tout à fait pertinent de faire ce rapprochement. Il existe en fait deux grandes différences qui sont intimement liées : d'une part, la ristourne n'est pas un montant fixe déterminé à l'avance sur chaque achat mais bien une part des bénéfices de l'année sur base du volume total des achats ; d'autre part, cette part est définie par les coopérateurs eux-mêmes lors d'une assemblée, illustration du principe démocratique qui régit les coopératives, et dont nous aurons l'occasion de reparler. Mais revenons au développement des équitables pionniers.

D'accord. Donc ce principe de ristourne les aide à grandir rapidement et fera de cette expérience un modèle ?

Il va effectivement grandement y participer, tout comme le fait que la coopérative va bien résister et aider ses membres lors de la crise économique du début des années 1860. La cause en est la guerre civile américaine, dite « guerre de Sécession », qui éclate du fait de la volonté des États du Sud de se séparer des États du Nord à la suite de leurs divergences de point de vue, principalement sur la question de l'esclavage. Cette guerre a des conséquences notamment sur l'approvisionnement en coton, matière première essentielle pour les usines textiles anglaises. Après une dizaine d'années d'existence, la coopérative de Rochdale a dépassé les 600 membres. En 1867, elle construit son propre bâtiment, qui domine tous les autres immeubles de la ville et qui comprend, en plus du magasin, des locaux administratifs et de réunion ainsi qu'une importante bibliothèque. Car outre l'amélioration des conditions de vie matérielle à travers l'alimentation, les fondateurs visaient également dès le départ l'émancipation intellectuelle. C'est pourquoi son département « éducation » ne fait pas que de la propagande pour développer la coopérative, mais dispense également des cours pour les enfants, qu'ils soient garçons ou filles. À ce propos, il est important de préciser que les femmes pouvaient devenir membres de la société et y exercer le droit de vote. Un aspect particulièrement progressiste qui, lui, ne sera pas retenu lors des exportations du modèle… En parallèle, un moulin a été acheté pour alimenter la boulangerie, et la coopérative produit de plus en plus les produits qu'elle vend. Elle est enfin dotée d'une caisse d'assurance et de secours. De cette expérience réussie sont issues les quatre règles de base de la coopération, toujours présentes aujourd'hui.

Quelles sont ces règles ?

– L'égalité : soit le principe démocratique exprimé par l'expression « un membre, une voix », mis en place bien avant l'instauration du suffrage universel.

– La justice : soit le principe de la ristourne voulant que le bénéfice net ne soit pas réparti au prorata du capital, mais bien de l'activité via les achats.

– L'équité : soit le fait qu'il y a une rémunération fixe et limitée du capital afin de dégager des moyens pour le développement de la coopérative et de ses services.

– La liberté : soit le fait que chacun est libre d'adhérer ou de reprendre ses parts.

Ces quatre principes font des coopératives des sociétés différentes, dont les règles de fonctionnement remettent en cause dans les faits et au quotidien le système capitaliste, en démontrant que l'on peut produire autrement. C'est un aspect présent dès les origines et qui, s'il est peut-être moins présent ou moins revendiqué aujourd'hui, est bien toujours là. Rien que de répartir la décision entre tous les membres et non sur la base de celui qui a eu le plus d'argent pour acheter des actions change profondément les choses.

C'est effectivement proprement révolutionnaire, et je n'avais pas conscience de cet aspect dont je voudrais reparler quand nous aborderons la situation aujourd'hui. Mais comment et quand cette expérience de Rochdale s'est-elle étendue ?

Les coopératives sont en fait le produit d'une double origine. J'ai déjà cité Robert Owen, qui est souvent considéré comme le « père de la coopération ». Il développera un modèle social dans ses usines de New Lanark, près de Glasgow et Édimbourg, et lancera une colonie aux États-Unis nommée « New Harmony » pour développer ses idées. Entre 1825 et 1829, il tente ainsi dans l'Indiana de créer une communauté modèle autosuffisante. Cette dernière initiative sera un échec, mais permettra une diffusion de son modèle de société qualifié de « socialiste » ou « communiste ». Les termes, à l'époque, n'étant pas aussi figés qu'aujourd'hui, ils désignent alors un modèle de société fondée sur les « communs » (les ressources gérées collectivement), sur l'égalité, sur la socialisation des richesses (soit le transfert des richesses de l'individuel au collectif par un mécanisme de redistribution). On peut le résumer par une formule qui garde sa pertinence aujourd'hui et que l'on retrouve sous de multiples versions, dont la principale est celle du Français Louis Blanc, à l'initiative des « ateliers nationaux » lors de la révolution de 1848 – des ateliers dont le principe se rapproche de celui des coopératives – : « À chacun selon ses besoins, de chacun selon ses capacités ».

Belle formule. Et donc, si je comprends bien, on voit naître un courant d'idées, circulant par les écrits et les expériences concrètes, qui ne se limite pas à l'Angleterre ?

C'est cela. Et cette diffusion prendra encore une autre dimension avec la création à Londres, le 19 août 1895, de l'« Alliance coopérative internationale » (ACI). Dès 1869 apparaissent des tentatives de regroupement international, qui se concrétise donc à la fin du XIXe siècle. L'ACI prend toujours aujourd'hui comme point d'origine les pionniers de Rochdale. Son drapeau, adopté en 1925, reprend les couleurs de l'arc-en-ciel, avec les sept couleurs symbolisant l'unité dans la diversité et le pouvoir de la lumière et du progrès. Ce drapeau subsistera jusqu'en 2001, où il est remplacé par un autre pour éviter toute confusion avec celui adopté par le mouvement LGBTQI+.

L'ACI arrivera à surmonter toutes les crises, notamment les deux guerres mondiales. Cela s'explique notamment par le fait que, contrairement à ce que nous verrons pour la Belgique, elle maintiendra toujours sa décision originelle de neutralité politique. En revanche, elle adaptera à plusieurs reprises ses principes de base, qui sont aujourd'hui au nombre de sept, ajoutant aux quatre principes originaux trois principes supplémentaires tournant autour de l'éducation, de la solidarité entre coopératives et de la nécessité de jouer un rôle sociétal. Ce dernier ajout est assez récent dans l'histoire de l'ACI et me semble particulièrement intéressant.

Comment un mouvement aussi imprégné d'idéal socialiste ou communiste a-t-il pu prétendre être neutre politiquement ?

En fait, il faut avoir à l'esprit que la création de 1895 est le résultat d'un ensemble très hétérogène de 200 participants (individualités, notables, associations diverses, coopératives, fédérations de coopératives) issus de nombreux pays dans lesquels la coopération s'est développée avec des histoires différentes, notamment au niveau des liens avec les partis ouvriers. Le débat sur la question de la neutralité, comme d'autres, persistera. La neutralité n'était nullement une obligation, ce qui aurait empêché les coopératives belges (mais aussi des coopératives anglaises, italiennes, françaises…) d'adhérer. Tout comme la participation des salariés et le rapport aux consommateurs, la question de la neutralité montre que le débat sera permanent au sein du mouvement coopératif. Cette diversité et ces débats sont particulièrement bien détaillés dans les 596 pages sur la coopération de *L'Encyclopédie socialiste, syndicale et coopérative de l'Internationale ouvrière* publiée sous la direction de Compère-Morel en 1913.

En 1995, elle a adopté une Déclaration sur l'identité coopérative qui reprend ses principes et définit une coopérative comme «une association autonome de personnes unies volontairement pour répondre à leurs besoins et aspirations économiques, sociaux et culturels communs par le biais d'une entreprise détenue conjointement et contrôlée démocratiquement». Aujourd'hui, l'ACI se targue sur son site de regrouper 318 organisations réparties sur 112 pays. Si son Bureau mondial est basé à Bruxelles depuis 2013, elle a quatre bureaux régionaux (Afrique, Amériques, Asie-Pacifique et Europe). Elle est également divisée en huit organisations sectorielles mondiales (agriculture, banque, consommation, pêche, santé, logement, assurance, industrie et services) et en cinq comités et réseaux (égalité des genres, recherche, droit, jeunesse et développement). On le voit, l'ACI est une structure importante qui depuis une dizaine d'années requestionne plus vivement la prétention du capitalisme à être la seule forme économique possible.

Mais revenons à la propagation hors d'Angleterre de l'idée de coopérative au milieu du XIXe siècle. Dans les faits, les idées, comme les hommes et les biens, ont toujours circulé, plus ou moins rapidement. Un mouvement qui s'est accéléré avec les Lumières. Owen n'est pas seul. On peut aussi citer en France Charles-Henri de Rouvroy de Saint-Simon qui sera à l'origine d'un mouvement: les saint-simoniens, qui jouera un rôle important dans la première moitié du XIXᵉ siècle, qui voit justement la naissance de l'idée coopérative. Un autre penseur qui jouera un rôle important est Charles Fourier, dont les idées vont être concrétisées par un de ses disciples, Jean-Baptiste André Godin, à Guise, en France également.

Guise, comme le duc ? Et Godin, comme les poêles en fonte ?

Exactement. Godin est l'inventeur des poêles en fonte qui feront sa fortune. Il installe son usine à Guise, la ville du fameux duc dans l'Aisne, au nord de la France, dès 1846. Il investit d'abord en 1854 dans une colonie, « La réunion ». Cette dernière est une initiative née aux États-Unis, similaire et contemporaine à « New Harmony » évoquée plus haut, lancée par le disciple de Fourier et principal diffuseur de ses idées, Victor Considérant. Le succès n'étant pas au rendez-vous, Godin développe à partir de 1860 son « familistère » à Guise – dont je te recommande la visite, puisque le lieu, magnifiquement restauré, est accessible au public.

Au lieu de conserver pour lui sa fortune, Godin s'en servira pour appliquer les idées de Fourier et les développer. Il théorise ainsi son principe de redistribution des équivalents de la richesse, dans son livre *Solutions sociales* publié en 1871. S'il place le logement comme socle, qu'il formalise sous l'appellation « palais social », avec de nombreuses mesures hygiéniques, il y ajoute l'instruction et l'alimentation, mais aussi l'idée d'une sécurité sociale accessible à toutes et tous. Dès 1846, il avait instauré une caisse de secours dans l'usine, à laquelle succède dès 1860 une assurance contre la maladie. Caisse de secours pour les dames, caisse de pharmacie, caisse pour les vieux et les invalides, etc., viendront progressivement compléter un dispositif qui atteint sa maturité dès 1872. En 1880, Godin crée « l'association du capital et du travail » qui permet de transmettre l'ensemble aux familistériens.

C'est impressionnant ! Et cela va fonctionner et perdurer ?

Il y aura même une extension en Belgique, à Laeken ! Le bâtiment existe toujours, le long du canal, près du centre commercial des Docks. Mais le site de Guise est encore plus intéressant, car c'est devenu un très beau lieu qui témoigne de la concrétisation de l'utopie, y compris dans ses dérives potentielles et les nombreux questionnements qu'elle suscite. La société créée par Godin tiendra jusqu'à fin des années 1960. Malheureusement, après la mort de Godin, les familistériens formeront rapidement un groupe à part de privilégiés, au lieu de continuer à étendre l'expérience afin de l'universaliser.

Quel dommage !... Mais une chose me frappe dans ce que tu viens de dire : Godin, Fourier, Owen, Saint-Simon, sont des noms dont je n'avais jamais ou très peu entendu parler jusqu'ici, alors qu'ils ont visiblement une influence à leur époque, qu'on ressent toujours aujourd'hui.

Oui, et j'aurais pu te citer encore d'autres noms. Ceux que l'on appellera les « socialistes utopiques » sont peu connus aujourd'hui. Cela s'explique notamment par le fait que leur pensée et leurs expériences sont encore ancrées dans la période qui précède la révolution industrielle, mais aussi par le fait que les marxistes critiqueront cette pensée. S'ils en reconnaissent les apports, ils en soulignent les insuffisances pour une action réellement anticapitaliste. Le texte le plus célèbre à ce niveau étant *Socialisme utopique et socialisme scientifique* de Friedrich Engels publié en 1880, soit au moment où le mouvement ouvrier prendra une nouvelle direction, s'organisant sur un modèle « marxiste » où le parti politique est la tête directrice des autres formes que seront le syndicat, la mutuelle et… les coopératives. C'est typiquement ce que nous connaîtrons en Belgique au tournant des XIXe et XXe siècles. Pour terminer sur cet aspect idéologique, il me semble important de signaler que Karl Marx, dès 1868, adresse une triple critique aux coopératives, qui reste d'actualité aujourd'hui, pointant : « le patronage et l'apport de capitaux extérieurs ; la distinction entre les salariés non sociétaires et les sociétaires, rappelant celle entre classes dominées et dominantes ; la question délicate de la rémunération du capital ».

Et en Belgique ? Quand et comment les idées coopératives vont-elles arriver ?

Avant de te répondre, j'aimerais encore aborder un moment de l'histoire qui est moins souvent relié aux coopératives, alors que celles-ci y furent au cœur de mesures importantes. Il s'agit de la Commune de Paris de 1871. On résume beaucoup trop souvent cet épisode de l'histoire à l'image des barricades de la semaine sanglante et aux dizaines de milliers de morts. Or, pendant les 72 jours de son existence, marquée par deux élections et un état de guerre permanent, elle a pris de nombreuses mesures sociales. Il faut dire que plus d'un tiers de ses élus étaient des ouvriers et que cette proportion augmente encore si on prend en compte les gens vivant pauvrement. Une proportion inédite, qui ne sera jamais égalée ensuite dans nos pays et qui explique le caractère populaire des décrets pris par les dix commissions mises en place. Tout d'abord, la Commune parviendra à faire fonctionner assez efficacement les services publics essentiels et à assurer le ravitaillement de Paris, ville comptant alors déjà deux millions d'habitants, et ce malgré la fuite ou la non-collaboration d'une majorité des hauts fonctionnaires. La Commune prouvera par là la capacité de la classe ouvrière à s'autogérer. Outre ces aspects gestionnaires, la Commune mettra en pratique une série de principes, à commencer par une démocratie communale au plus près des citoyens, qui s'incarne notamment dans les clubs.

Tu peux m'expliquer ce que sont ces « clubs » ? Et me donner quelques exemples de ces réalisations ?

À la base, les clubs sont issus de la Révolution de 1789 et constituent une forme d'organisation politique. Ils ne sont donc pas propres à la Commune. On y discute quotidiennement en soirée de l'actualité, des projets de décrets, mais aussi des différents votes et du comportement des élus qui en sont issus. On y vote des motions qui sont transmises à l'assemblée communaliste, parfois en délégation.

Au-delà d'actes symboliques comme la destruction de la guillotine place Voltaire le 6 avril, celle de la maison de Thiers le 12 mai en représailles aux bombardements versaillais sur Paris, ou encore celle de la colonne Vendôme (symbole de l'Empire et du militarisme) le 16 mai, la Commune de Paris, c'est surtout un grand nombre de réalisations des revendications du mouvement ouvrier via de nombreux décrets. Citons notamment le gel des loyers (29 mars) et la réquisition des logements vacants (24 avril) pour que tout le monde ait un toit, la séparation de l'Église et de l'État (2 avril), l'instruction laïque obligatoire et gratuite (19 mai), le caractère révocable des mandats et la limitation du cumul et des rémunérations qui y sont liés (4 mai), l'égalité de traitement entre les enfants (légitimes ou non) ainsi qu'entre le mariage et le concubinage pour la perception des droits et pensions (17 mai)...

Mais la Commune, c'est aussi la recherche de l'égalité des sexes, avec notamment l'«Union des Femmes pour la défense de Paris et le soin aux blessés». Même si la Commune n'accordera pas le droit de vote aux femmes et qu'aucune d'elles ne sera dirigeante, elles prendront leur place à la base, notamment dans tout ce qui concerne le travail, et donc les coopératives. C'est encore l'abolition des différences liées à la nationalité, le rôle de la violence dans une insurrection qui devient une guerre civile, l'importance de l'or conservé par la Banque de France auquel les représentants de la Commune ont refusé de toucher, l'organisation de concerts publics et de coopératives, avec notamment les restaurants regroupés sous le nom de «La Marmite» à l'initiative d'Eugène Varlin.

Un peu comme les « Restos du cœur » ?

On peut effectivement faire ce rapprochement. Ces restaurants «La Marmite» existaient déjà avant la Commune. C'est dès la fin de l'année 1866 qu'Eugène Varlin crée en quelques semaines une première société civile d'alimentation, appelée «La Ménagère». S'il ne considère pas que les coopératives constituent en soi un instrument suffisant d'émancipation des ouvriers, Varlin les estime néanmoins indispensables par la sérieuse économie qu'elles procurent aux travailleurs. Dans la foulée, en 1868, Varlin lance l'idée d'un restaurant ouvrier qui prend le nom de «La

Marmite ». Un projet où il sera notamment rejoint par Nathalie Le Mel, qui en tiendra les comptes, et par nombre de membres de l'Association Internationale des Travailleurs (AIT, première Internationale fondée à Londres en 1864, notamment par Karl Marx). Le succès est rapide et trois succursales sont ouvertes, servant chaque jour plus de 200 ouvriers. Outre un repas, on pouvait aussi y avoir accès à des quotidiens. On retrouve là le lien entre l'émancipation matérielle et l'émancipation intellectuelle qui est vraiment au cœur du projet coopératif. « La Marmite » aura un tel rayonnement que ceux qui échappèrent aux massacres de la semaine sanglante songèrent à pallier leurs misères en ouvrant des Marmites en exil. Ainsi existera à Londres une Marmite sociale où ceux qui avaient réussi à obtenir un travail ou qui recevaient de l'argent de leur famille payaient pour ceux qui étaient sans travail. Un dortoir avait été constitué au premier étage. L'accueil de cette Marmite était si fraternel que la maison, puis le quartier, devinrent en peu de temps l'asile de tous les réfugiés politiques à Londres. Notons ici qu'un collectif autogéré de cuisine collective à prix libre et vegan fonctionnant deux fois par mois à Liège a pris ce nom de « La Marmite ». Cette cantine sans patron est un prolongement d'une boulangerie coopérative du même nom vendant notamment un « communard », un pain au levain, de farines bio de seigle et de froment, vendu volontairement au prix le plus bas. Produit en très gros format d'un kilo, il est découpé dans l'atelier pour être vendu au poids en magasin. Il est né de la volonté de produire un pain à grande valeur nutritionnelle et accessible au plus grand nombre. On le voit, le passé vit toujours.

Mais revenons aux coopératives sous la Commune. La Commission du travail, de l'industrie et des échanges sera dirigée par Léo Frankel (horloger mécanicien hongrois) et composée de membres de l'AIT, tous ouvriers (bronzier, teinturier, mécanicien, peintre…) à l'exception d'un instituteur et d'un journaliste. Cette commission prendra en très peu de temps les principales mesures sociales de la Commune. En charge des travaux publics, elle met en place dans chaque arrondissement, via des registres, un service public sous le nom de «bureaux de renseignements du travail et de l'échange» destiné aux demandeurs d'emploi. Elle instaure aussi un salaire minimum et supprime le mont-de-piété – organisme de prêt sur gage, qui a pour mission de faciliter les prêts d'argent et qui existe d'ailleurs encore à Bruxelles. Elle prend surtout trois décrets importants sur le travail : l'interdiction du travail de nuit des ouvriers boulangers, concrétisant une vieille revendication des travailleurs du secteur ; la suppression des amendes et retenues sur salaires ; et, pour le propos qui nous occupe ici, un décret qui confie aux chambres syndicales ouvrières la mission de dresser, via une commission d'enquête, une statistique des ateliers abandonnés, et de mettre en place leur relance via l'association coopérative des travailleurs. C'était donc sous la forme de coopérative de travailleurs que cette première expérience de pouvoir ouvrier que fut la Commune de Paris envisageait de gérer la production. Une première qui sera diffusée par les exilés.

Cela nous emmène quand même loin de la Belgique…

Oui, désolé de cette digression un peu longue, mais elle me semblait nécessaire, car la Commune de Paris de 1871 entrera pleinement dans l'imaginaire et le référentiel du mouvement ouvrier. Plus que « communards », ils se nommaient « citoyens », dans une de leurs nombreuses références à la Révolution française de 1789. Citoyen[4], terme qui désigne le « membre d'une communauté politique organisée » et que l'on retrouve au sein du monde coopératif socialiste belge, en lieu et place de celui de camarade qui est en vigueur, encore de nos jours, au sein du parti et du syndicat.

Mais pour en revenir à la Belgique, il s'y produit un mouvement dialectique: d'une part, une auto-organisation des travailleurs afin de répondre à des besoins concrets immédiats et, d'autre part, une influence théorique de bourgeois liés au mouvement utopiste dont je t'ai parlé précédemment. La première coopérative de production date du milieu du XIXe siècle. À l'initiative de Nicolas Coulon, l'« Association fraternelle des ouvriers tailleurs » est fondée à Bruxelles le 16 avril 1849. Elle est rapidement suivie par d'autres initiatives, qui n'auront toutefois qu'une existence éphémère, à l'exception notable de l'Alliance typographique. Dès 1854, il n'existe déjà presque plus rien de ces diverses tentatives de coopératives – qui concernent

----

4. Voir dans la même collection le livre de Thomas Gillet, *Dis, c'est quoi la citoyenneté ?*, 2018.

majoritairement la production et non la consommation – nées dans le contexte du « printemps des peuples » (ensemble de révolutions dans plusieurs pays européens) de 1848. La coopération redevient alors une utopie dont on discute dans les lieux où se côtoient libéraux progressistes et premiers socialistes. C'est ainsi qu'à la veille de la création d'une section belge de l'Association internationale des travailleurs, il ne subsiste guère que quelques sociétés coopératives créées vers 1864, dont « La Coopérative » à Grivegnée, constituée par des ouvriers et des contremaîtres de l'industrie, ou « La Prévoyante » à Verviers. L'AIT, dont l'influence est très importante (y compris en Belgique) en dépit de sa brève existence, prône surtout le développement des coopératives de production, mais se montre réticente envers celles de consommation.

Attends un peu, tu peux préciser cet aspect ?

Comme nous l'avons vu avec la Commune de Paris, les membres de la Première Internationale cherchaient plutôt à développer des coopératives de production, afin que les travailleurs soient maîtres de leurs outils. Cela s'explique partiellement par le fait que l'on a encore là une classe ouvrière de petits artisans qui cherchent à conserver la possession de leurs outils de production et à résister à la prolétarisation engendrée par la révolution industrielle. Mais très vite, suite aux échecs de ce type de coopératives – notamment à cause du besoin de capitaux plus importants –, on privilégie les coopératives de consommation, à savoir surtout des magasins d'alimentation ayant le pain comme premier produit. C'est le modèle de Rochdale, dont je te parlais au début de notre conversation. C'est aussi le modèle qui se développera en Belgique autour du Parti Ouvrier Belge, une dizaine d'années après la fin de l'AIT.

Et où va naître ce mouvement en Belgique ?

Il y a deux références. La première, la plus ancienne, nous amène à Jolimont, près de La Louvière. Le 1er octobre 1871, l'« Union des métiers, société de maintien de prix et de résistance » est créée ; elle réunit les métallurgistes de quinze établissements de la région. Elle organise une grève victorieuse en août 1872, à la suite de laquelle elle obtient la journée de dix heures. Cependant, l'échec d'une nouvelle grève l'année suivante entraîne déjà sa disparition. C'est une histoire classique, en ce début d'un syndicalisme qui peine à se structurer durablement. Mais ici, on a une exception, car l'initiative ne disparaîtra pas. En effet, le 5 août 1872, avec la contribution d'autres groupements, « La Solidarité » de Fayt et l'« Union ouvrière » de La Louvière, elle acquiert un bâtiment à Jolimont qui devient le local de l'AIT. C'est la première Maison du Peuple du pays !

Un des principaux dirigeants de ces groupes ouvriers est Théophile Massart. Celui-ci est partisan de la création d'une boulangerie coopérative sur le modèle du « Vooruit » (« En avant ») de Gand et de la « Maison du

Peuple » de Bruxelles. Après de longues discussions, la coopérative « Le Progrès » est fondée le 21 juin 1886 par une cinquantaine d'ouvriers. Après un démarrage difficile, Le Progrès compte en 1894 plus de 7000 adhérents, une boulangerie industrielle, deux boucheries, deux pharmacies, trois Maisons du peuple (à La Louvière, Houdeng et Écaussinnes), une salle des fêtes, un cercle dramatique, un cercle de musique, un cercle choral, un cercle de gymnastique, une école socialiste et une riche bibliothèque. Et une brasserie s'ajoutera rapidement à cette liste déjà longue, initiant un modèle de développement que nous retrouverons ailleurs.

Au début du XXe siècle, le développement se poursuit et « Le Progrès » réunit plus de 17 000 coopérateurs. Trois maisons du peuple et divers autres locaux sont ajoutés pour renforcer le maillage au plus près des travailleurs. Chaque jour, les camions de la coopérative sillonnent le bassin pour y livrer du pain frais. Les conditions de travail et les œuvres sociales ont également été renforcées.

La seconde, que je viens de citer, est située en Flandre : il s'agit du « Vooruit » dans la ville textile de Gand. Fondée en 1880, cette coopérative servira de modèle dans le monde socialiste belge, comme on vient d'ailleurs de le voir avec Jolimont. Édouard Anseele, son principal fondateur et dirigeant, parlait de la coopérative comme d'« une citadelle, établie par les socialistes et d'où ils bombardent la classe bourgeoise à coups de tartines et de pommes de terre ». L'origine même du « Vooruit » est une affirmation de son caractère socialiste. Ses fondateurs étaient en effet membres d'une autre coopérative, les « Vrije bakkers » (« Libres boulangers »), fondée en 1873, mais dont les membres refusaient de faire de la politique et voulaient se contenter d'un support matériel. L'incident qui déclenche la rupture est le refus de mettre le drapeau rouge sur la façade de la coopérative. Le développement du « Vooruit » sera rapide. À nouveau, émancipation matérielle et intellectuelle sont liées, puisque dès 1884 paraît un journal du même nom et les locaux se multiplient dans les différents quartiers ouvriers de la ville. Un bâtiment sur la place centrale sera même construit et volontairement appelé « Ons Huis » (notre maison). La renommée du « Vooruit » et sa propagande essaiment partout dans le pays. C'est ainsi qu'une conférence d'Anseele à Verviers suscite la création dans cette ville de la coopérative « La Meunerie et Boulangerie Mécanique », dont l'appellation souligne le rôle central de la fabrication et de la vente de pain.

Les coopératives dépassent donc rapidement le stade d'un simple magasin d'alimentation ?

C'est autour de la consommation et au service de cette dernière que l'essentiel des coopératives de production sont mises en place, marquant une différence avec les initiatives du milieu du XIXe siècle. La concentration se veut, d'une part, horizontale (par la multiplication des produits vendus dans les magasins coopératifs et par la densification du réseau de ceux-ci) et, d'autre part, verticale (par la volonté de contrôler l'ensemble de la chaîne de production). Si le pain – qui, à la fin du XIXe siècle, constitue avec les pommes de terre l'essentiel du régime alimentaire des familles ouvrières, et représente une part non négligeable de leur budget total – est à la base des initiatives originelles, d'autres produits s'y ajoutent très vite, diversifiant l'offre proposée et dépassant le cadre alimentaire. Tout d'abord, d'autres produits alimentaires, comme le beurre ou les conserves, voire la viande dans le cas où la coopérative possède une boucherie ; ensuite, des produits de mercerie (tissus, fil, etc.) et de soins (comme le savon). S'y ajoutent des initiatives particulières comme une laiterie ouverte par la « Maison du Peuple » de Bruxelles, la « flotte rouge » – un ensemble de bateaux de pêche, installée par le « Vooruit » à Ostende –, ou encore des pharmacies comme les « Pharmacies du Peuple » toujours en activité ou encore les assurances avec la « Prévoyance Sociale » devenue aujourd'hui P&V. Enfin, dans le cas des plus grosses structures, l'extension peut aller parfois jusqu'à la vente de meubles.

Cette énumération de structures différentes est réellement impressionnante.

Et on n'est là qu'au début du XXe siècle. À la fin des années 1920, soit au moment où le mouvement est à son apogée, les volumes de ventes sont devenus très importants et ont nécessité la création d'une structure propre de centralisation des achats, mais aussi le développement de coopératives de production, comme une verrerie, une fabrique de cigares, une fabrique de produits émaillés, une fonderie, plusieurs entreprises de bâtiments (maçonnerie et peinture), une fabrique de sabots, une vannerie… Mais, comme je l'ai déjà souligné, c'est surtout la production destinée à alimenter les magasins qui est développée: 72 boulangeries, 11 brasseries, 12 imprimeries, 7 ateliers de confection de vêtements, etc.

Un exemple de ce développement, dont certains bâtiments sont encore visibles aujourd'hui, sera le centre de production situé à Micheroux, sur les hauteurs de Liège, fondé et géré par l'Union coopérative de Liège et où sont produits bière, cirage, chocolat, confiserie, confiture, fruits en conserve, margarine, moutarde, savon, sirop, chaussures, conserves alimentaires, bonneterie, laine, chicorée. En 1933 est lancée la marque COOP, qui permet d'identifier tant les magasins que les produits, ainsi qu'un périodique destiné à renforcer l'unité et la centralisation: *Le Coopérateur belge*. Le mouvement aura même sa banque, dont la faillite dans les années 1930 causera de gros dégâts en interne, plombant l'avenir et expliquant partiellement la lente agonie de l'après Seconde Guerre mondiale.

On est bien loin du pain des débuts des coopératives !

Pas tant que ça! Car même si l'offre se diversifie, la question du prix du pain et de sa qualité reste essentielle pour les magasins coopératifs et pour leur succès, et ce tout au long de leur histoire. Dès l'origine, outre la dimension idéologique et exemplaire, l'objectif est non seulement de contrôler, voire d'abaisser les coûts de production (notamment par une production centralisée et industrialisée), mais également de contrôler et d'augmenter la qualité des produits, les coopératives dénonçant régulièrement les fraudes au poids et à la qualité. Ainsi, les principales coopératives se dotent rapidement d'une boulangerie (quand celle-ci n'est pas à l'origine même du projet de création de la coopérative). L'étape suivante est la création d'une meunerie destinée à fournir de la farine, non seulement à la boulangerie qui produit le pain vendu dans les magasins, mais également aux coopérateurs qui font leur pain eux-mêmes. L'enjeu suivant est d'alimenter la meunerie en céréales. Par exemple, la coopérative agricole « La Justice » à Waremme permet à plusieurs meuneries coopératives de s'approvisionner en blé, en orge, etc. Enfin, étape ultime, il s'agit de créer une coopérative de semences. Le mouvement se dote d'au moins une telle structure, à Huy. Et à l'autre bout de la chaîne, il crée une fabrique de sachets pour les pains. Ainsi, de la semence à l'emballage du pain consommé par l'ouvrier, le mouvement coopératif socialiste parvient jusqu'à un certain point à « socialiser » (soit transférer de l'individuel au collectif) un processus complet pour ses membres. Dans les années 1960, l'Union coopérative de Liège se vante, dans une brochure, de produire 40 000 pains dans ses usines ultramodernes et de les livrer dans les magasins ou à domicile par camionnette.

Tu as mentionné tout à l'heure les Maisons du Peuple, en particulier celle de Jolimont comme étant la première chez nous. Mais depuis, tu parles de coopératives. Quel est le rapport entre celles-ci et les Maisons du Peuple ?

En fait, la Maison du Peuple sera vite l'incarnation, dans le paysage urbain, de la puissance de la coopérative, elle est la « citadelle ouvrière », le pendant de l'Église en quelque sorte. Sa taille et les matériaux nobles utilisés pour sa construction constituent l'affirmation de la puissance du Parti Ouvrier Belge et, plus largement, de la fierté d'un mouvement ouvrier qui n'a plus besoin de se cacher. Cette fierté s'incarne aussi dans le nom qui est donné au bâtiment et qui sonne comme un programme : « Hand aan Hand » (« main dans la main ») à Alost, « L'Avenir » à Andenne, « De Werker » (« Le travailleur ») à Anvers, « Le Palais du Peuple » à Charleroi, « Volksrecht » (« Droit du Peuple ») à Courtrai, « La Fraternelle » à Dison, « Germinal » à Ensival, « L'Alliance » à Flémalle, « Vooruit » et « Ons Huis » à Gand, « La Ruche » à Herstal, « Le Progrès » à Jolimont, « L'Avenir du Centre » à La Louvière, « La Sociale » à Lessines, « La Populaire » à Liège, « Le Prolétaire » à Louvain, « La Persévérance » à Nivelles, « Noordstar » (« Étoile du Nord ») à Ostende, « Union-Progrès-Économie » à Pâturages, « La Concorde » à Roux, « L'Émulation prolétarienne » à Seraing, « La Prévoyante » à Tournai, « L'Aurore » à Tubize, « La Justice » à Waremme, etc.

Se doter de ses propres instruments d'émancipation est au cœur du projet. Les montants financiers consacrés à ces réalisations immobilières sont parfois colossaux. Pour les architectes qui les conçoivent, le défi qui se pose est réel: il s'agit de réunir plusieurs fonctions dans un même bâtiment qui, de plus, doit marquer symboliquement le paysage urbain et affirmer la fierté et la puissance du mouvement ouvrier. En cela, la Maison du Peuple de Bruxelles, construite par Victor Horta dans le style qui fera sa renommée, avec son immense salle des fêtes à l'étage, était particulièrement emblématique. Comme le fut sa destruction, dès le milieu des années 1960…

En règle générale, une maison du peuple comprend: un café, parfois un magasin (mais le plus souvent, celui-ci est connexe, comme à Liège où «Le Phare» se trouve à côté de «La Populaire»), une boulangerie (parfois liée à une meunerie), des salles de réunion (pour les syndicats, les harmonies, les groupes sportifs, etc.), une bibliothèque et salle de lecture, une salle des fêtes (qui, polyvalente, est destinée à accueillir les meetings, les fêtes, les activités culturelles, les entraînements et compétitions sportives, les projections de films, etc.). Les constructions de la fin du XIXe siècle comprennent également des écuries (nécessaires pour les chevaux tirant les charrettes livrant le pain et autres marchandises), qui se transforment en garages au fil du temps. La façade de la Maison du Peuple bénéficie d'une attention toute particulière: décoration, balcon (destiné aux orateurs), hampes de drapeaux, enseignes (dont généralement l'intitulé «Maison du Peuple», accompagné parfois de la date d'érection du bâtiment, du nom de la coopérative et de l'indication «Parti ouvrier belge»). Souvent, à l'extérieur ou à l'intérieur, des fresques glorifient le travail et la classe ouvrière et annoncent un avenir radieux au socialisme. Figurent également de nombreuses références à la Révolution française (triptyque «Liberté, Égalité, Fraternité», bonnet phrygien, etc.)

Les coopératives de cette époque sont donc bien plus qu'un magasin d'alimentation, achetés en gros ou produits au sein du mouvement?

Oui, le modèle coopératif incarne pleinement une contre-société socialiste où les idées se veulent mises en pratique. Ainsi, les employés disposent de la journée des huit heures et du salaire minimum. Outre les ristournes sur leurs achats, les coopérateurs bénéficient d'indemnités en cas d'accidents ou de maladie, d'une pension à l'âge de soixante ans, bref de ce que l'on retrouvera après 1944 au sein de la sécurité sociale. La coopérative finance aussi les associations culturelles qu'elle abrite et la propagande politique. Elle offre des locaux aux sections locales du parti, aux syndicats et mutualités ainsi que du travail à un nombre croissant de militants. C'est en outre une pépinière de mandataires, dont plusieurs deviendront même parlementaires. Sur le plan syndical, si les relations seront toujours complexes, c'est aussi la coopérative qui, en temps de grève, procure un appui logistique en fournissant notamment de la soupe et du pain. Et il ne sera pas rare qu'un syndicaliste actif mis sur liste noire par le patronat de sa région et ne pouvant à cause de cela trouver du travail soit engagé par la coopérative. Ce qui est évidemment un signal important que la structure n'abandonne pas un camarade qui s'est particulièrement exposé. Le revers de la médaille est que les dirigeants de la coopérative détiennent finalement un énorme pouvoir. Il n'est donc pas étonnant qu'au plus fort de la puissance des coopératives, dans une commune ouvrière, le bourgmestre socialiste était aussi le… président de la coopérative locale. Ce sera par ailleurs un des facteurs expliquant la difficile centralisation et la farouche volonté d'indépendance des différentes coopératives.

À t'entendre, je comprends mieux l'importance historique des coopératives, partie centrale d'un mouvement plus large comprenant le syndicat, la mutuelle et le parti, comme concrétisation d'une contre-société se mettant en place dans l'idée de modifier, en s'étendant de plus en plus, le capitalisme. Mais comment tout cela a-t-il pu disparaître aujourd'hui, en ce compris le récit même de cette histoire ?

Tu n'es pas le seul à découvrir cette histoire. On me fait souvent la même remarque quand j'interviens en conférence sur le sujet, et c'est malheureusement un constat qui peut être généralisé à l'ensemble de l'histoire du mouvement ouvrier, de ses luttes et de ses conquêtes. En Belgique, il est relativement peu étudié, et surtout peu enseigné et médiatisé. Encore moins lorsqu'il s'agit de montrer combien cette histoire ne se limite pas à être une pièce de musée, mais est encore bien présente dans notre quotidien et peut nous éclairer dans les débats actuels.

Mais pour revenir à ta question, la chute du mouvement coopératif ne s'est pas faite en un jour et a des causes multiples, qui doivent d'ailleurs nous alerter concernant le mouvement aujourd'hui. Si la fin du mouvement sous la forme que je viens de t'expliquer se situe aux débuts des années 1980, la lente descente commence dès le lendemain de la Seconde Guerre mondiale. On dit souvent que c'est l'arrivée des supermarchés en libre-service en Belgique dans les années 1960, avec le développement des zonings commerciaux en périphérie des villes et du transport individuel par voiture, qui a tué le modèle coopératif basé sur des magasins implantés dans les quartiers et fonctionnant sur la base d'un service au comptoir. Si cette explication n'est pas dénuée de fondement et qu'effectivement les magasins coopératifs sont progressivement apparus comme vieillots et obsolètes, c'est oublier que les coopératives ont été à la pointe de l'achat groupé via une centrale d'achat et des dépôts centralisés, et ce dès l'entre-deux-guerres. C'est oublier aussi qu'elles ont suivi cette évolution et que des créations de supermarchés en libre-service remplaçant ou complétant l'offre commerciale ont eu lieu pour réagir à ce nouveau mode de consommation. Par ailleurs, les coopératives de consommation reviennent actuellement à une offre de proximité, dans les quartiers, pour se différencier des grandes surfaces... Et cela fonctionne plutôt bien ! Tellement bien que les grandes enseignes capitalistes ont multiplié, sous une forme franchisée, les plus petites structures dans les quartiers et diversifié l'offre dans leurs rayons en intégrant des produits bio et/ou locaux afin d'essayer de conserver une clientèle qui tend à s'éloigner de leur modèle de consommation.

Quels sont alors, selon toi, les facteurs expliquant la disparition de ces coopératives ?

Il y en a un qui est en lien direct avec le développement de la grande distribution : c'est le manque de moyens pour moderniser et adapter l'ensemble des magasins, qui se trouvent par ailleurs dans des bâtiments vieillissants. Ce manque de moyens se marquera concrètement par exemple quand le recours à des comptoirs réfrigérés s'imposera pour vendre de la viande ou du poisson frais. Les coopératives auront besoin de temps pour équiper tous les lieux de vente, et entre-temps, les gens ont pris l'habitude de faire leurs courses ailleurs qu'à la coopérative. Et quand ils se rendent ailleurs, par facilité, par attrait des promotions... ils finissent par acheter d'autres produits, voire par y faire toutes leurs courses. On entre alors dans un cercle vicieux : l'absence de moyens entraîne une baisse des ventes, qui elle-même provoque une baisse de moyens. Encore aujourd'hui, pour les magasins coopératifs alimentaires, avoir une large gamme de produits, y compris non alimentaires, est un enjeu crucial.

Cette absence de moyens avait par ailleurs une cause qui nous ramène à un débat très actuel : la faillite en 1934 de la Banque Belge du Travail. Créée le 1er mars 1913 – sous la forme d'une société anonyme et non d'une coopérative –, celle-ci est destinée à collecter l'épargne des travailleurs pour pouvoir l'investir dans le développement de groupes industriels et, ainsi, développer une économie alternative au capitalisme. À l'époque, ce choix ne fait pas l'unanimité : les critiques portent sur le statut de société anonyme, sur le fait que des risques sont pris avec l'épargne des travailleurs, sur l'enrichissement des dirigeants et sur le fait que les conditions de travail et les relations sociales sont jugées insuffisamment différentes de ce qu'elles sont ailleurs. Ce modèle s'écroule dans le contexte de la crise économique qui fait suite au crash de la bourse de Wall Street de 1929. L'État se doit alors d'intervenir, mais il oblige aussi le mouvement ouvrier à assumer ses responsabilités. Ce sont les moyens des coopératives qui viendront alors combler le déficit.

Détail qui a son importance : c'est à la suite de cet épisode que la réforme bancaire de 1934-1935 imposera la séparation entre banque de dépôts et banque de holding, et que tous les établissements dotés du statut de banque seront soumis au contrôle d'une nouvelle institution, la Commission bancaire (ancêtre de l'actuelle Autorité des services et marchés financiers ou FSMA). Sous contrôle du pouvoir public est alors créé en 1935 Coop-dépôt pour gérer l'épargne du mouvement ouvrier. Cette structure deviendra la Codep en 1989 avant d'être absorbée par Nagelmackers en 1995, une opération décidée par P&V alors actionnaires des deux structures financières.

Un autre élément, plus positif, expliquant le manque de moyens au sortir de la guerre, est que les coopératives ont fortement aidé leurs membres au niveau alimentaire, permettant à une part non négligeable de la classe ouvrière de ne pas subir la famine.

Un autre facteur est plutôt lié au fonctionnement des coopératives. À l'origine, ce sont quelques travailleurs qui créent le magasin. Ils s'autoforment à la gestion financière et juridique avec l'aide du reste du mouvement et se répartissent l'ensemble des tâches. Ensuite, avec le développement et la diversification, des travailleurs vont être engagés. S'ils sont alors coopérateurs, ils ne participent pas pour autant toujours à l'ensemble des décisions. Avec le temps, les coopératives continuent à croître en créant des succursales, en fondant des coopératives dites de second degré (c'est-à-dire des coopératives dont les parts sont détenues non par des individus, mais par d'autres coopératives), voire en fusionnant entre elles. Si ce développement permettra des économies d'échelle et une force de frappe plus importante, il aura aussi pour effet d'institutionnaliser et d'éloigner les lieux de décision des coopérateurs. Élus par des délégués eux-mêmes issus d'assemblées locales, les dirigeants des coopératives, par ailleurs de plus en plus recrutés sur la base de leur diplôme et non de leur militance, vont progressivement s'éloigner de la réalité des magasins locaux, dont les comités de base n'ont plus grand-chose à décider, ce qui provoque une implication moindre. La participation démocratique s'en trouvera fortement impactée, transformant de plus en plus les coopérateurs en simples consommateurs et non plus en acteurs au sein de ce qui est normalement leur coopérative. Ce lent changement facilite évidemment le phénomène d'infidélité au magasin coopératif que j'ai évoqué plus haut.

Enfin, et c'est un aspect trop peu mis en avant selon moi, la création de la sécurité sociale a fait perdre aux coopératives une part non négligeable de leur attrait, d'autant que la part de l'alimentation dans le budget des ménages va décroître rapidement dans les années qui suivent. En effet, et je l'ai déjà évoqué, l'aide matérielle à l'émancipation de la classe ouvrière ne se limitait pas à de la nourriture moins chère et de meilleure qualité, ni à la mise à disposition de locaux, mais a très vite inclus une assistance lors des accidents de la vie. Alors que rien n'existait ou presque, les coopératives ont mis en place des caisses de pension, d'accident, de chômage, de layette (trousseau de naissance comprenant un ensemble de vêtements pour un nouveau-né)… Le système coopératif avait en somme créé pour ses membres tout ce que l'on retrouvera plus tard dans la sécurité sociale, à la différence que cette dernière rendait cette sécurité d'existence UNIVERSELLE, tandis que les coopératives la réservaient à leurs membres. On retrouve là le choix déjà évoqué du mouvement ouvrier socialiste belge de privilégier une logique de service public à une logique associative davantage portée par le mouvement ouvrier catholique. Celui-ci avait d'ailleurs développé également son réseau de magasins coopératifs pour contrer le succès des coopératives socialistes.

Comme tu le vois, il existe de multiples causes qui expliquent la disparition progressive de l'essentiel des coopératives au début des années 1980, après une dernière tentative de sauver le modèle via une alliance des coopératives socialistes et catholiques, au-delà du clivage politique. Cette alliance inclura qui plus est un troisième acteur, capitaliste celui-là : le groupe français Carrefour. La mise sur pied de cette structure, nommée Distrimaz, ne se fera pas sans réticence au sein du mouvement et se soldera vite par un échec. Il n'avait cependant, tu l'auras compris, plus grand-chose à voir avec le projet original, sa seule raison d'être étant de tenter de sauver les avoirs.

J'ai une dernière question concernant l'histoire du mouvement coopératif. Quelle y était la place des femmes ?

Parler des femmes au sein du mouvement coopératif nécessite de distinguer trois catégories : les « simples » coopératrices, les militantes au sein du mouvement féminin et les travailleuses au sein du mouvement. Les premières, théoriquement coopératrices, le sont essentiellement au titre de « capital accessoire », la part étant prise par le mari pour le ménage. Elles sont donc vues essentiellement à travers leur rôle de femmes au foyer. Leur statut de gestionnaires des courses du ménage dans la société de l'époque fait d'elles «le cœur de cible» des opérations de communication visant à convaincre le monde ouvrier d'effectuer ses achats dans les coopératives. Le travail éducatif portant sur le prix, la qualité, le principe de la ristourne, etc., cible donc principalement les femmes ou, selon le vocabulaire commun des coopératives, les «ménagères». Diverses initiatives sont ainsi prises spécifiquement à l'attention des femmes afin de les aider, voire de les former dans leur tâche de «ménagères» préposées aux achats domestiques de la famille. Le mouvement féminin développe ainsi des formations visant à apprendre aux femmes à lire correctement les étiquettes: calculer le rapport entre le prix et le poids, décrypter les ingrédients, etc. Tout un travail est également développé pour dénoncer l'aspect trompeur de la publicité. Outre des «causeries», des démonstrations culinaires réalisées avec des produits des coopératives sont aussi organisées afin de montrer aux ménagères l'intérêt et la bonne qualité des produits.

Lieux et moments d'échanges sur leurs réalités et leurs conditions de vie, ces initiatives participent en outre à la construction de liens. Elles permettent également aux femmes de «s'inclure» dans les coopératives, de s'intéresser à leurs actions et d'avoir accès à leurs réalisations. Par ailleurs, l'objectif, en partant de la coopération, est d'amener plus largement les discussions et la réflexion sur les questions sociales et politiques. Notons par ailleurs que les réunions étaient aussi l'occasion de discuter, entre femmes, de sexualité et de contraception à une époque où ces questions restaient taboues.

La coopération socialiste développera en son sein un mouvement féminin militant : la Ligue nationale des coopératrices (LNC). Cette dernière est créée en 1923 par des représentantes des groupements de coopératrices (ou « guildes ») de différentes régions afin de regrouper au niveau national l'ensemble du mouvement coopératif féminin. Les statuts de la Ligue nationale des coopératrices sont assez explicites : leur but principal est d'organiser l'éducation et la propagande coopératives envers les ménagères, afin que celles-ci prennent une part active à la vie de leur société coopérative. Mais il s'agit aussi de travailler, avec les autres groupements féminins rattachés au Parti socialiste belge, à l'émancipation et à l'éducation des femmes sur le terrain politique, économique et social. En 1959 est mise sur pied l'ASBL Union féminine pour l'information et la défense des consommateurs (UFIDEC) en collaboration avec les Femmes prévoyantes socialistes (FPS, renommées « Soralia » à l'occasion de leur centenaire en 2022).

Outre les questions touchant à la consommation, la LNC aura une action politique plus large, notamment au niveau de la défense des droits des femmes. Elle s'affilie fin 1951 au Conseil national des femmes belges. Et au début des années 1970, elle manifeste clairement son soutien au médecin Willy Peers et au droit à l'avortement, en relayant une pétition initiée par les

FPS et via la participation à des manifestations. Par ailleurs, le mouvement coopératif féminin s'implique dans les activités du Groupe d'étude pour une réforme de la médecine (GERM) en lien avec les questions de santé spécifiques aux femmes.

Structures locales des activités de la LNC, les « guildes de coopératrices » constituent également un lien privilégié avec la clientèle. Chargées de la propagande et de l'animation des groupes au niveau local, elles relaient aussi aux structures organisationnelles et décisionnelles les commentaires, attentes et propositions de la clientèle. Elles jouent dès lors un rôle essentiel au sein du mouvement coopératif, ce qui les amènera d'ailleurs à revendiquer une place plus importante dans les instances des coopératives.

Enfin, les femmes travaillant au sein des coopératives occupaient principalement deux fonctions somme toute assez classiques : d'une part des postes de secrétariat dans les services administratifs, et d'autre part les nombreux postes de vendeuses dans les différents magasins.

Cette histoire peu connue est vraiment passionnante et montre que bien des enjeux présents aujourd'hui étaient déjà là : taille de la coopérative, participation démocratique en ce compris des travailleurs, utilisation des bénéfices (j'aime cette appellation de « trop-perçu » qui devrait être réhabilitée), diversité des produits, ancrage local... Mais parle-moi un peu de ce qui se développe aujourd'hui ! En quoi cela peut-il être une alternative au fonctionnement actuel ?

Tu as raison, il est temps d'en venir à ce qui se passe aujourd'hui. On assiste à un réel foisonnement depuis quelques années. En 2020, une série d'articles de la journaliste Laurence Briquet ont ainsi montré que l'agence W.Alter, le partenaire financier de l'économie sociale et coopérative du gouvernement wallon, avait multiplié par cinq le nombre de projets financés sur les quelques dernières années. Le site de cette agence[5] permet d'ailleurs de découvrir ces nombreux projets et les secteurs qu'ils recouvrent : l'alimentation, bien entendu (Ethiquable à Waremme, Paysans-artisans à Namur, Chant de la terre à La Louvière, Petits producteurs et Coopérative Ardente à Liège, Cœur de village à Bellefontaine...), l'agriculture (Champs des possibles, Terre en vue...), mais aussi la décoration (Sapristi ! à Namur), la brasserie (de la Lesse, du renard, du Borinage...), le vin (Vin de Liège), la

---

5. www.w-alter.be

livraison à vélo (Rayon 9 à Liège, Molenbike et Urbike à Bruxelles...), les titres-services, la presse (*Wilfried, Médor*...), la finance (Alterfin, NewB), la librairie (Ciaco), la boulangerie-restauration (Un pain c'est tout, boulangerie Sans patron), la production et distribution d'énergie (Coopeos à Louvain-la-Neuve, Cociter, HesbEnergie, Courant d'air, REScoop...), les solutions informatiques (Medispring, Coop IT Easy), la construction (Paille-tech, EcoLodge), la production métallurgique (Socomef), l'immobilier (Prométhique à Saint-Hubert, Tournières à Liège...) le studio d'animation (Mad Cat), la mise à disposition de locaux et ressources (Dynamocoop et Novacitis à Liège, Smart...)... Et on n'a ici évoqué que la partie francophone du pays !

La variété des secteurs est effectivement impressionnante. Tu peux développer certains de ces projets ?

Concernant l'alimentation, le développement des supermarchés coopératifs me semble particulièrement intéressant. Ce n'est que depuis 2016, très récemment donc, que ce secteur se développe. C'est significativement dans la commune populaire de Schaerbeek que le premier a vu le jour : c'est Bees coop (Bees pour Bruxelloise, Écologique, Économique et Sociale) qui emploie 7,5 équivalents temps plein pour 1800 coopérateurs actifs qui s'engagent à prester 2h45 de travail non rémunéré par mois, permettant une ouverture 7 jours sur 7. Une pratique du bénévolat qui ramène au temps des pionniers qui n'avaient aucun moyen pour rémunérer le personnel et qui est, si la dimension économique n'est pas absente, plus ici une volonté de favoriser (obliger même) la participation active dans la coopérative. Bees coop s'inspire d'une initiative parisienne, La Louve, dont l'un des fondateurs avait réalisé un documentaire, *Food coop*[6], qui aura un énorme succès et popularisera le modèle dont La Louve s'inspire. Ce modèle est celui de la coopérative alimentaire de Park Slope. Cette structure new-yorkaise, dans le quartier de Brooklyn, qui remonte à 1973, est un supermarché autogéré où 16 000 membres travaillent 3 heures par mois pour avoir le droit d'y acheter les meilleurs produits alimentaires, pour la plupart biologiques. 15 000 références, 20 à 40 % moins chères, sont ainsi disponibles. Et si la participation active des coopérateurs est un fondement, elle n'a pas empêché l'engagement de 60 salariés pour assurer le quotidien du magasin. Un magasin qui a banni depuis 2008 les sacs et bouteilles d'eau en plastique par volonté éthique, et qui intègre une dimension politique. Ainsi, durant l'apartheid en Afrique du Sud ou la dictature de Pinochet au Chili, les produits de ces pays étaient boycottés. Il en est de même pour ceux de la multinationale Coca-Cola.

Aujourd'hui, on retrouve des coopératives du même style à Waterloo, Verviers, Liège, Wavre, Charleroi, Louvain-la-Neuve… mais de taille plus modeste que la « grande sœur » qu'est Bees coop. Une logique d'entraide et de réflexion commune tente de se

----
6. https://foodcooplefilm.com/

mettre en place. Ainsi a eu lieu une rencontre en mars 2022 à Bruxelles, à laquelle j'avais d'ailleurs participé, dans le but d'échanger des pratiques et de tenter de développer certaines choses en commun. Lors de cette rencontre, dix initiatives coopératives étaient présentes. La plus importante après Bees coop était wAnderCoop, située à Anderlecht, avec 360 coopérateurs et un équivalent temps plein. Aucune n'a encore dix ans d'existence. La question qui se pose notamment est celle de l'approvisionnement, avec une tension permanente entre un prix bas pour les consommateurs, obtenir les volumes nécessaires et répondre à l'objectif de juste rétribution des producteurs. Entre aussi la volonté de mettre en avant le circuit court, des ceintures alimentaires (organisation territoriale développant des rapports de production, transformation, distribution et consommation en circuit court, de sorte que la population locale concernée atteigne progressivement la souveraineté alimentaire) et celle de mettre en commun les approvisionnements. Par exemple, en passant par le « Collectif 5C », qu'a rejoint Bees coop. Le Collectif 5C est en effet une coopérative de second niveau regroupant surtout des coopératives de producteurs et fut initiée en 2017 par les « Paysans artisans » dans le but d'améliorer leurs conditions de travail et de rémunération et d'alimenter les magasins coopératifs.

Comme grand lecteur aimant encore le contact avec l'objet papier, je te citerai Ciaco (Centre d'Impression et d'Achat en Coopérative). C'est un projet qui remonte à 1970 et qui démontre qu'en dehors du mouvement coopératif précédemment évoqué, il a existé des initiatives dont certaines sont arrivées jusqu'à nous, non sans traverser des périodes compliquées. Basée à Louvain-la-Neuve, Ciaco est une grande librairie-papeterie du centre-ville, doublée d'une imprimerie performante située à Woluwe. Deux secteurs d'activités où la concurrence est rude. Ciaco a par ailleurs été approchée pour reprendre l'activité de grande librairie laissée vacante après la fermeture du Furet du Nord. Mais, faisant certainement preuve de sagesse et d'expérience, elle n'a pas donné suite.

Un autre projet est celui de *Médor*, un trimestriel qui en est aujourd'hui à son 29e numéro. Les dix-neuf fondateurs, majoritairement des journalistes et des graphistes, ont lancé le projet en 2014 afin de proposer une offre journalistique différente, tant sur la forme que sur le fond. Le rédacteur en chef change pour chaque numéro, la mise en pages est réalisée avec des logiciels libres, on se donne les moyens pour faire des reportages prenant du temps… En 2019, en lien avec un nouvel appel de fonds, *Médor* a ajouté une plateforme web à son offre papier. Une nécessité dans le monde actuel, mais qui a été liée à une démarche visant à permettre aussi une participation plus importante des coopérateurs/lecteurs. Les ventes des numéros et le nombre d'abonnements sont significatifs, mais pas au point d'assurer un avenir serein dans l'immédiat. Le fragile équilibre financier dépendant à 85% de ces recettes. Et malgré l'apport depuis 2020 de l'aide à la presse périodique de la Fédération Wallonie Bruxelles, l'aventure reste difficile.

Moi, au vu de l'actualité, il y a deux secteurs qui m'intéressent. Celui des énergies, et particulièrement de la production d'électricité, et celui de la banque avec l'échec de NewB qu'on a déjà évoqué, mais pas développé.

Ce sont deux beaux cas, tant ils lient les aspects positifs de l'alternative coopérative et les limites et questions de ce modèle.

Au niveau de l'énergie, il existe une série d'initiatives de production qui, chez nous, se sont fédérées. Elles visent toutes à produire de l'électricité via des sources renouvelables (surtout le vent, mais aussi, dans une moindre proportion, l'eau et le soleil) et des installations décentralisées financées par des citoyens. Elles sont donc un acteur de la transition énergétique dont on parle beaucoup aujourd'hui. Implication sociétale et ancrage local sont clairement des avantages. Mais une série de questions se posent également. Au-delà de celles liées à l'écologie (matériaux utilisés, question du paysage, sobriété énergétique nécessaire…), la capacité de production reste largement insuffisante dans un modèle difficilement applicable aux centres urbains, ce qui risque d'accentuer les inégalités. On est là pleinement dans le débat entre système coopératif et système public. Cela dit, la multiplication des initiatives, et donc l'accroissement de l'électricité produite par ce type de coopératives, montre que cela peut faire partie de la solution. Surtout quand, en s'associant, elles deviennent en plus distributrices d'énergie. C'est le cas avec COCITER, le Comptoir

Citoyen des Énergies, coopérative de second degré, où tout le monde peut devenir client, mais où ceux-ci sont incités à être plus que cela en devenant coopérateurs d'une des coopératives associées. C'est via la participation dans une de ces coopératives que le client devient vraiment un acteur d'une production électrique en circuit court. Les coopératives associées sont au nombre de quinze fin 2022, réparties sur une bonne partie de la Wallonie. À noter, et c'est intéressant dans le débat sur l'alternative, que Cociter annonce à l'automne 2022 ne plus pouvoir accueillir de nouveaux clients, même si ceux-ci sont coopérateurs d'une des quinze coopératives associées, alors que l'explosion des prix pousse de nouvelles personnes vers l'alternative qu'elle représente.

Cet afflux soudain d'un nouveau public, des coopératives d'alimentation l'ont vécu durant la crise du Covid. La Coopérative Ardente par exemple, où je suis coopérateur et qui se définit comme une « épicerie en ligne de produits locaux, bio et équitables », a un système intéressant de commande via un site internet et de retrait des commandes chez des coopérateurs qui s'impliquent comme points relais ouverts quelques heures par semaine. Preuve que l'on peut allier modernité et principes originaux. Durant le Covid, par peur des magasins traditionnels, de nombreux nouveaux clients ont afflué, provoquant des ruptures de stock sur certains produits : les producteurs fournissant la coopérative et les travailleurs de cette dernière n'arrivaient plus à suivre... Malheureusement, cet afflux de clients a tout aussi rapidement décru dès le retour « à la normale », mettant aussi en difficulté la coopérative. Une réalité qu'il sera utile d'étudier en profondeur pour élaborer des solutions. La Coopérative Ardente est en cours de fusion avec HesbiCoop – coopérative née en 2017 et ayant aussi des questionnements sur la pérennisation de ses activités –, elle devrait aboutir au milieu de 2023.

Le cas de NewB est plus compliqué car on est encore dans une autre échelle, avec la nécessité de recueillir beaucoup, beaucoup plus d'argent pour lancer et faire fonctionner la coopérative, qui se retrouve aussi dans un environnement concurrentiel bien plus complexe et hostile. Mais l'idée n'en est que plus intéressante, concernant le modèle coopératif comme alternative au capitalisme, surtout après la crise bancaire de 2008. C'est d'ailleurs à la suite de cette dernière qu'une série d'acteurs de la société civile (ASBL, ONG, syndicats…) décident en 2011 de se lancer dans le projet d'une banque éthique et durable. Une vraie banque, offrant un compte à vue, des assurances… et pas « simplement » un organisme financier permettant d'effectuer des placements et de soutenir des projets (à l'exemple d'Alterfin pour le microcrédit dans les pays du sud). Par ailleurs, Cera était à l'origine une banque coopérative (créée en 1892), mais elle est devenue aujourd'hui une agence conseil ; ses activités bancaires ont été reprises par KBC en 1998. Tandis que la banque coopérative Crelan, qui possède des agences bancaires et offre à ses clients le service d'une carte bancaire, a fusionné avec AXA et vu son projet évoluer. L'idée avec NewB était donc d'offrir à nouveau à la population une alternative sous forme coopérative aux grandes banques privées, la Belgique n'ayant d'autre part plus de banque publique. Dès 2013, une première souscription de parts recueille un vrai succès tant auprès d'acteurs institutionnels que des simples citoyens qui sont 44 000 à marquer leur adhésion. C'est encore insuffisant pour lancer une banque, mais suffisant pour montrer qu'il y a un réel intérêt et une vraie demande d'alternative. Après diverses évolutions, c'est en 2019 que le projet prend une nouvelle dimension. Une campagne publicitaire est lancée, visant à recueillir 30 millions d'euros. De nombreux nouveaux coopérateurs souscrivent alors au capital, surtout des citoyens, mais aussi des acteurs institutionnels, comme des universités et même des pouvoirs publics. Ce qui ne sera pas sans susciter des débats, notamment concernant l'investissement à hauteur de 10 millions d'euros du groupe mutualiste d'assurance français Monceau-Assurances. Finalement, l'objectif est atteint et même dépassé, et la banque est lancée en 2021, ayant obtenu sa licence bancaire – ce qui est un réel exploit en soi – début 2020. Des comptes peuvent être ouverts, avec une particularité conforme à la philosophie du projet: le coût n'en est pas fixe, mais à « prix conscient ». En clair, la banque explique combien lui coûte la gestion d'un compte et la personne décide en connaissance de cause du montant qu'elle est prête à verser (montant qui peut être inférieur ou supérieur). Mais après un peu plus d'un an, les nuages s'amoncellent. Si 117 000 coopérateurs ont investi dans la banque, ils sont moins de 20 000 à être devenus clients. Un chiffre interpellant qui démontre les difficultés qui persistent aujourd'hui quand on veut changer de banque. Une des difficultés étant que, si le modèle d'investissement éthique, de rémunération et de gestion du personnel, etc., se veut différent, NewB est une banque exclusivement en ligne, qui ne résout pas le problème démocratique de l'accessibilité aux services bancaires (fermetures d'agences, diminution des distributeurs, numérisation, absence de réel contact humain). Aujourd'hui, la situation est donc compliquée. La recapitalisation de 40 millions, un chiffre énorme quand on le compare à la dimension des autres projets coopératifs, a échoué malgré une nouvelle belle mobilisation citoyenne. Une assemblée générale prévue le 26 novembre 2022 devait acter l'abandon de la dimension supplémentaire qui en faisait le principal intérêt (être une banque complète), NewB aurait alors pu continuer, mais uniquement comme une institution financière permettant des placements et des financements éthiques. Ou s'arrêter totalement et être mise en liquidation. Mais deux rebondissements de dernière minute ont suspendu cette décision. Le premier a été l'annonce moins d'une semaine avant la tenue de l'AG, et alors que des séances d'information avaient déjà eu lieu sur les points mis à l'ordre du jour, d'un préaccord avec la petite banque gantoise VDK. Bien que sa forme juridique ne soit pas une coopérative, VDK est née en 1926 comme banque pour les travailleurs et a toujours comme actionnaires principaux les structures du mouvement ouvrier chrétien qui l'ont fondée. VDK se présente comme une banque «durable et éthique» (ce que confirme une étude du réseau Financité publiée en décembre 2022) et a, elle, un réseau de 62 agences, concentrées pour l'essentiel en Flandre orientale. Un point était du coup ajouté à l'ordre du jour, les coopérateurs étant amenés à se prononcer sur cet accord qui faisait de NewB un opérateur des produits bancaires de VDK. L'intérêt étant que cette dernière était présente uniquement en Flandre alors que le développement de NewB était essentiellement francophone. Les questions étaient cependant nombreuses. Pourquoi ce lapin tiré d'un chapeau à ce moment et cette option qui n'avait pas été évoquée dès l'origine? Le projet de NewB n'en était-il pas profondément modifié?... De nombreuses interrogations qui ont entraîné le second rebondissement: une décision du président du tribunal de l'entreprise de Bruxelles à la suite de la demande de plusieurs coopérateurs, dont un institutionnel, de désigner un administrateur provisoire en remplacement de l'organe d'administration de NewB. Une décision qui annulait par ailleurs la tenue de l'AG finalement reportée au samedi 17 décembre. Cette AG fut à nouveau le théâtre d'un rebondissement, 7 coopérateurs sur les 550 présents n'ayant pas accepté le consensus proposé par l'administrateur judiciaire. Un groupe de travail regroupant des coopérateurs «disposant d'une expertise financière» est constitué pour étudier le business plan lié au partenariat avec la banque VDK et proposer ses conclusions à une AG extraordinaire convoquée le 6 janvier.

Si le quorum n'est pas atteint, c'est une AG prévue le 14 janvier 2023 qui prendra la décision finale.

Quel que soit le résultat de l'AG, la suite sera donc à suivre de près. À quel point le projet de départ sera-t-il modifié, si pas dénaturé, VDK n'étant pas une coopérative ? NewB devra-t-elle, quelle que soit la décision, appliquer un plan social plus ou moins important et celui-ci sera-t-il géré différemment ? L'échec de NewB illustre les limites de l'alternative coopérative quand on sort d'une échelle micro et locale, qui est pourtant normalement l'essence même du projet coopératif, à l'image de la Banque belge du Travail ou, plus près de nous, de la faillite d'Arco. Arco était liée au pilier catholique dont elle gérait des avoirs financiers. Elle fut mise en liquidation en décembre 2011, à la suite de la défaillance de la banque belge Dexia, dont Arco était l'un des principaux actionnaires. 14 000 coopérateurs sur les 800 000 (chiffres à mettre en comparaison avec les 117 000 coopérateurs de NewB), soutenus par Deminor, sont toujours dans une procédure judiciaire qui devrait aboutir en 2024.

Effectivement, c'est donc loin d'être facile. Cela nous ramène à une dimension maintes fois évoquée et qui, si je comprends bien, caractérise les coopératives, à savoir la dimension humaine et locale.

Cette dimension revient quasi toujours quand les gens évoquent le sens de leur engagement dans un projet coopératif. Le besoin de renouer avec des relations humaines, de refaire lien et sens à un niveau proche de chez eux, dans un ancrage local réel. En cela, l'activité coopérative a aussi cet atout de ne pas être menacée de délocalisation, puisque son objectif n'est pas un retour sur investissement toujours plus important, mais de répondre à des besoins concrets et locaux. Un autre aspect auquel il s'agit d'être attentif si on parle de dimension humaine et locale est un recours minimal à l'informatisation, notamment au niveau du service et de la caisse. Bien sûr, on ne peut jamais évacuer complètement la question de la rentabilité financière, les coopératives restant des sociétés commerciales. N'oublions pas non plus que leur nouvelle capacité à aller chercher des fonds est liée à la perte de confiance envers les banques après la crise de 2008, mais aussi, soyons honnêtes, à un rendement des livrets d'épargne proche du zéro absolu, ce qui rend l'investissement dans une coopérative intéressant financièrement, même avec des dividendes limités à 6 % pour les coopératives agréées par le CNC (et souvent, ce chiffre est encore limité par les statuts). J'y vois d'ailleurs une des explications de l'écart souvent important entre le nombre de personnes ayant pris des parts de coopérateurs et le nombre de coopérateurs impliqués réellement dans la vie de la coopérative.

Tu peux développer ?

Dans énormément de coopératives, pour ne pas dire toutes, la participation concrète et régulière aux activités est un réel défi, alors que cette participation est un des aspects fondamentaux qui assurent le caractère démocratique des projets et les distinguent des entreprises classiques. Le principe central « un coopérateur = une voix » crée une différence existentielle avec le modèle capitaliste devenu classique où c'est le nombre de parts, le capital investi, qui détermine le poids dans les votes et qui permet donc que les plus riches gagnent et puissent même posséder le pouvoir absolu sans détenir la totalité des parts. Dans une coopérative, chacun a le même poids dans les décisions. Et ce même si, dans les faits, des mécanismes internes faussent parfois cette règle absolue.

Lesquels ?

Certaines coopératives distinguent les parts des membres fondateurs de celles de coopérateurs arrivés plus tard. C'est une manière pour les premiers de protéger l'idée de départ, de s'assurer que la philosophie et les objectifs ne seront pas modifiés. C'est le cas par exemple chez Médor. Un autre cas de figure est celui où l'on distingue les investisseurs institutionnels et les particuliers. Les montants de la prise de participation pouvant alors être différents. C'est le cas par exemple chez NewB. Mais dans les deux cas, les statuts prévoient toujours que la décision (ou à tout le moins les décisions importantes) nécessite des votes communs des différents types de coopérateurs et qu'aucun ne peut décider seul. Parfois, un coopérateur peut avoir plusieurs parts et donc plusieurs voix, mais ici aussi, le nombre de voix complémentaires est fortement limité. Concrètement, quelqu'un qui aurait 51% des parts de la coopérative n'aura jamais 51% des voix, contrairement à ce qui se passe dans une société capitaliste. Une coopérative reste donc un endroit bien plus démocratique, et cette caractéristique est vraiment essentielle. Il faut ajouter que les coopératives veillent souvent à fixer le montant d'une part coopérative de manière à ce qu'il soit accessible au plus grand nombre. C'est toujours un exercice complexe, car plus la part est petite, plus il en faudra pour atteindre la somme nécessaire (soit par un plus grand nombre de coopérateurs, soit en ayant des coopérateurs prenant plus d'une part, ce qui nous ramène à la question du vote). On parle de montants s'inscrivant dans une fourchette allant pour l'immense majorité des coopératives d'une vingtaine d'euros à 250 euros.

C'est donc cet aspect financier qui expliquerait le manque d'investissement de nombreux coopérateurs dans la vie de la coopérative ?

Non, pas seulement, mais c'est un élément qu'on oublie parfois. Si je prends mon cas, ce n'est pas celui-là qui explique que je participe très peu, voire pas du tout, à la vie des nombreuses coopératives dans lesquelles j'ai pris une part. Le facteur le plus important est le manque de temps pour m'investir réellement. Ma prise d'une part de coopérative est donc plus un geste de soutien à un projet, une manière citoyenne et politique d'utiliser une part de mon épargne pour permettre à des alternatives de se concrétiser. En cela, on pourrait dire que ma démarche s'apparente à la participation à un *crowdfunding* (financement participatif qui permet de mettre en contact des investisseurs et des porteurs de projet à travers une plateforme Internet. L'objectif est de récolter des fonds sous forme de petits montants auprès d'un large public), technique souvent utilisée par une coopérative pour se faire connaître et lever des fonds. Les coopératives sont d'ailleurs conscientes que cette question du temps, dans une société capitaliste basée sur son contrôle et le fait que celui-ci doit toujours être occupé et « productif », est un frein important. Elles essaient donc souvent de permettre différents niveaux de participation, sont attentives aux moments où elles fixent les AG et à l'organisation de celles-ci. Elles réfléchissent aussi souvent à la manière de rendre ces réunions les plus participatives possible, de permettre la compréhension des divers points, etc. En effet, discuter du plan comptable ou des investissements de manière démocratique ne peut se limiter à rendre la discussion ouverte à tout le monde. C'est aussi présenter les choses de manière claire et transparente, prendre le temps d'expliquer et de faire de l'éducation permanente sur des questions rarement enseignées à l'école. Cela rappelle combien l'exercice de la démocratie va bien au-delà du simple mécanisme de vote… ce qui est valable bien au-delà des coopératives !

Cela pose aussi la question des publics qui s'investissent dans les coopératives. Les personnes investies proviennent majoritairement de ce que l'on appelle la « classe moyenne ». Ce qui joue ici, c'est moins le capital financier – même si quelqu'un qui a des difficultés à boucler ses fins de mois pourra rarement investir dans une coopérative, malgré le coût souvent bas d'une part – que le capital socio-culturel : il faut d'abord connaître le modèle, avoir connaissance des projets, être dans la même sociabilité, avoir les codes de la discussion…

En parlant de participation démocratique, tu évoques les coopérateurs. Mais qu'en est-il du personnel, quand il y en a, des coopératives ?

Tu touches là un point très sensible que, en tant que syndicaliste, je soulève régulièrement dans les débats sur le modèle coopératif. La démocratie coopérative s'applique aux coopérateurs, donc aux personnes qui ont acquis une part dans la société. Ce qui peut ne pas être le cas des salariés de celle-ci. Très souvent, il y a un encouragement à ce que les travailleurs soient aussi des coopérateurs. Mais on est là au point central qui distingue les coopératives du modèle de l'autogestion qui fit beaucoup parler de lui dans les années 1970, y compris en Belgique avec les exemples du Val Saint-Lambert, du Balai libéré…

L'autogestion ?

Comme son nom l'indique, l'autogestion, c'est se gérer soi-même. C'est donc un concept très proche des coopératives, ce qui rend fréquente la confusion entre les deux modèles. L'autogestion s'en distingue cependant par le fait que, dans le cas d'une entreprise autogérée, ce sont uniquement les travailleurs qui décident et gèrent la société qu'ils possèdent. Dit autrement, dans une coopérative, on peut posséder des parts sans y travailler (c'est d'ailleurs l'immense majorité des cas), contrairement à une entreprise autogérée. Dans ce que nous avons vu jusqu'à présent, les 1336 sont ceux qui se rapprochent le plus d'une société autogérée. Par ailleurs, il faut souligner qu'en Belgique il n'existe pas de statut spécifique de « coopérative de travailleurs », *a contrario* de la France qui a le statut SCOP.

La question de l'emploi dans les coopératives, au-delà de la participation démocratique aux décisions, est un point important si on cherche à développer un modèle alternatif !

Oui, c'est en cela que les organisations syndicales s'intéressent de manière critique au modèle. Les avantages sont importants. La limitation des dividendes, qui induit un réinvestissement principal des bénéfices dans le développement, l'ancrage local et la volonté de pérenniser une activité économique utile… sont évidemment des éléments très positifs pour un emploi de qualité. Grâce aux valeurs portées, les salaires et les conditions de travail devraient être nettement meilleurs au sein des coopératives. De même, les techniques de gestion du personnel devraient être différentes. Ce n'est cependant pas si évident. La concurrence et le manque de moyens conduisent, comme dans nombre d'ASBL militantes, à demander toujours plus au personnel salarié, que l'on n'est pas toujours en mesure de rémunérer comme on le souhaiterait. Au niveau des rémunérations, soulignons cependant que la tension salariale (soit la différence entre le plus bas et le plus haut salaire) est souvent faible dans les coopératives, ce qui découle en toute logique du projet de société défendu. Au niveau de la présence syndicale, celle-ci n'est pas toujours acceptée ni désirée, alors qu'elle reste nécessaire pour faire office de contre-pouvoir à partir du moment où l'on n'est pas en autogestion. À cela il faut ajouter que la participation au fonctionnement de la coopérative, *a priori* démocratique, peut aussi avoir pour effet pervers d'engendrer une activité économique reposant sur du travail bénévole, l'absence de rémunération rendant viable l'activité ou permettant, à tout le moins, d'avoir des prix plus bas qu'ailleurs. Ce qui fait courir le risque d'une potentielle concurrence déloyale, et surtout d'un modèle de société particulièrement excluant, car tout le monde ne peut pas se permettre de travailler bénévolement. Et dans le cas d'un système mixte, avec des salariés et des bénévoles, se posent alors les questions – qui ne sont pas propres aux coopératives – des liens de subordination, des responsabilités...

Bref, on le voit : les questions sont complexes. D'autant qu'il convient de ne pas surestimer l'envie des travailleurs employés par les coopératives de devenir eux-mêmes coopérateurs. Il s'avère en effet que nombre d'entre eux ne désirent pas s'engager dans davantage de responsabilités, investir du temps, de l'argent et de l'énergie. Cela questionne le processus d'intégration éventuellement mis en œuvre par les structures coopératives à l'égard de leurs travailleurs.

Ces questions sont-elles abordées dans les coopératives ?

Selon mes lectures et mes expériences depuis que je travaille sur le sujet, soit une vingtaine d'années, la réponse est oui. Les personnes qui se lancent dans la création d'une coopérative sont souvent conscientes de ces écueils. Pas toujours de leur importance, mais à tout le moins de leur existence. Les discussions et la volonté d'améliorer les choses sont présentes. C'est une des forces et des richesses des coopératives : on se pose des questions par souci de construire un modèle alternatif, on est en constante réflexion. Et cela surtout si, au sein des organes de gestion, un renouvellement, même partiel, des coopérateurs se fait régulièrement. En effet, cela incite à reposer des questions, à réinterroger des pratiques. Cela peut paraître un éternel recommencement pour les plus anciens, mais je pense que c'est un aspect très sain. Il faut vraiment prendre en compte le fait que la démocratie prend du temps, nécessite la discussion et l'éducation.

Mais il faut garder à l'esprit que le modèle des coopératives ne pèse pas suffisamment dans la balance. En 1966, la direction des coopératives socialistes estimait que moins de 2 % du commerce de détail était coopératif, le système capitaliste restant ultradominant et créant donc un climat ambiant difficile pour les coopératives. Aujourd'hui encore, les expériences coopératives se heurtent, parfois avec acuité, à cette réalité. Les dirigeants de certaines d'entre elles perdent parfois au moins partiellement de vue la philosophie de la coopération, au profit des seules stratégies d'organisation et de développement. Et cela, d'autant qu'un constat s'impose : l'économie sociale n'ayant pas réussi à modifier l'environnement capitaliste ambiant, le mouvement coopératif reste largement tributaire de ses relations avec celui-ci. Il demeure donc dans une contradiction entre sa dynamique interne de démocratie, qui est un processus exigeant et réclamant du temps, et la dynamique générale externe, qui l'oblige à fonctionner dans une économie de marché dont le principe clé est la concurrence, souvent à tout crin, et une exigence de croissance sans fin. Une résolution de cette tension dans laquelle les coopératives jouent souvent, non pas seulement leur développement, mais leur survie.

Tu parles souvent depuis le début de la volonté de porter des projets défendant un autre modèle de société. C'est aussi, comme je le disais au début, ce qui m'attire dans le mouvement coopératif. Et si j'entends bien qu'il n'est pas un monde idéal sans contradiction, il me semble que c'est vraiment une piste intéressante.

Mes critiques formulées dans notre échange ne sont pas une opposition au modèle. Je les vois plus comme des balises, des points d'attention envers un modèle qui a des limites. L'immense majorité, pour ne pas dire la totalité, des personnes qui se lancent dans l'aventure, car c'en est une – surtout humaine ! –, de la création et du développement d'une coopérative sont des personnes qui recherchent du sens à ce qu'elles font, veulent reprendre même partiellement le contrôle sur le modèle économique qui produit leur nourriture, leur énergie… La succession de crises bancaire, sanitaire, énergétique… montre que le modèle capitaliste ne répond pas aux besoins des gens. Les coopératives sont ancrées dans le local, travaillent à une économie circulaire respectueuse de leur environnement et constituent ainsi une réelle réponse, ici et maintenant, y compris en matière d'emploi. Ce qui est renforcé par la propriété de l'entreprise à des personnes y ayant un intérêt direct et pas uniquement financier et par une moindre distance entre les différentes instances de décisions et bien plus de transparence sur la gestion et les orientations. Elles pourraient aussi l'être au niveau de la transmission d'entreprises quand les héritiers ne reprennent pas l'activité. Elles sont la preuve qu'il est possible de fonctionner autrement, un démenti au fameux «tina» (*there is no alternative*, il n'y a pas d'alternative) ressassé depuis près d'un demi-siècle et popularisé par le duo Reagan/Thatcher. C'est en cela qu'elles sont la construction et l'expérimentation de ce que pourrait être une autre société. Ce qui nous ramène aux origines, aux expériences du XIXe siècle.

Et concrètement, si je veux me lancer ?

Tu serais là loin d'être le premier de ton âge à décider de créer une activité économique en adéquation avec ta vision d'une société qui se doit d'être plus solidaire. Parmi les initiatives dont nous avons parlé, nombreuses sont celles portées par des jeunes.

Il est tout d'abord important de repréciser que, si nous avons beaucoup parlé de démocratie, d'une autre société, etc., les coopératives sont avant tout des sociétés commerciales. Dès la loi du 18 mai 1873, le législateur l'a voulu ainsi. Ce qui entraîne dès ce moment la confusion entre une forme juridique alternative à la société anonyme ou à la SPRL, que vont choisir notamment les professions libérales comme les médecins ou les avocats, et les coopératives citoyennes dont nous parlons ici. C'est d'ailleurs pour cela que la loi du 20 juillet 1955 portant institution d'un Conseil national de la coopération (CNC) instaurera un agrément des coopératives qui permettra de distinguer celles respectant les « principes de Rochdale » des autres. Une situation qui est modifiée avec le nouveau Code des sociétés et associations de 2019, qui oblige les coopératives à se mettre en règle pour 2023 et dont les effets seront donc mesurables en 2024. Ce nouveau Code des sociétés et associations a, par ailleurs, un impact énorme sur les ASBL vu que le « SBL » (sans but lucratif) issu de la loi du 27 juin 1921 est menacé.

Pourquoi te dire cela ? Parce que, outre le fait que, pour respecter les principes collectifs et démocratiques d'une coopérative citoyenne, ton projet doit déjà être collectif dès ses prémices, il sera nécessaire de faire une étude de marché, un plan financier…

Pour ce faire, outre s'appuyer sur des expériences existantes, diverses agences de conseil en économie sociale peuvent aider les initiatives coopératives d'économie sociale, tant lors de leur création que de leur développement. En Belgique francophone, ces agences-conseil sont notamment l'Agence-conseil en économie sociale (AGES, www.creation-projet.be),

Crédal Conseil (www.credal.be), la Fédération belge de l'économie sociale et coopérative (FEBECOOP, www.febecoop.be), Progress (www.agenceprogress.be), Progrès Participation Gestion en économie sociale (PROPAGE-S, www.propage-s.be), Solidarité des alternatives wallonnes et bruxelloises (SAW-B, www.saw-b.be) et Syneco (www.syneco.be). Par ailleurs, en Wallonie, les initiatives coopératives d'économie sociale peuvent, si elles remplissent les critères *ad hoc*, trouver un soutien financier auprès de l'agence W.alter (www.w-alter.be, nouveau nom depuis 2020 de la Société wallonne d'économie sociale marchande Sowecsom), une société anonyme d'intérêt public qui, depuis 25 ans, se targue d'être devenue partenaire de plus de 300 entreprises – majoritairement des coopératives.

Les possibilités d'aides, tant techniques que financières, et de conseils ne manquent donc pas. Tout comme la nécessité de construire dès maintenant des alternatives concrètes qui permettent de se réapproprier la manière dont on produit et on consomme. Le modèle coopératif est une piste intéressante à portée humaine pour revitaliser notre démocratie. Comme toute construction humaine, il n'est pas parfait et comprend des contradictions. En avoir conscience peut aider à les dépasser. J'espère que des gens de ta génération oseront se lancer dans cette aventure humaine passionnante.

POUR ALLER PLUS LOIN

Coopératives, un modèle tout terrien: SAW-B, Monceau-sur-Sambre, Les Dossiers de l'économie sociale, 2011.

DEFOURNY, Jacques, SIMON, Michel, ADAMA, Sophie, *Les coopératives en Belgique: un mouvement d'avenir?* Bruxelles, Luc Pire, 2002.

DOHET, Julien, *Le Mouvement coopératif: histoire, questions et renouveau*, Bruxelles, Courrier hebdomadaire du CRISP, n°2370-2371, 2018.

DOHET, Julien, Coopératives et sécurité sociale. D'un embryon concret à une menace inconsciente, dans *Cultivons le futur*, hiver 2019, pp.13-16.

DOHET, Julien, «Les maisons du peuple, lieux de sociabilité pour les femmes au sein du mouvement coopératif socialiste», dans *Matrimoine. Quand des femmes occupent l'espace public, Les Cahiers du Centre pluridisciplinaire de la transmission de la mémoire* (CPTM), 2021, n°2, pp.143-154.

Familistère: https://www.familistere.com/fr

HAMMAN, Philippe, *Les coopératives énergétiques citoyennes: paradoxes de la transition écologique?*, Lormont, Le Bord de l'eau, coll. «En Anthropocène», 2022.

HIEZ, David et LAVILLUNIERE, Éric (dir.), *Vers une théorie de l'économie sociale et solidaire*, Bruxelles, Larcier, 2013.

MAYNE, Emmanuelle, *Syndicalisme et économie sociale*, Bruxelles, Luc Pire, 1999.

W.ALTER. *Les coopératives, l'autre économie. Un panorama des coopératives wallonnes en collaboration avec les rédactions des journaux Sudpresse et Le Soir*, Sudpresse et Le Soir, 2020.

WILKINSON, Richard et PICKETT, Kate, *Pourquoi l'égalité est meilleure pour tous*, Paris/Namur, Les Petits Matins/Etopia, 2013.

Liste des questions abordées

Coopératives et économie sociale :
une alternative concrète au capitalisme ?   p. 14

D'où vient le terme « coopérative » ?   p. 16

Quelle est l'histoire de ce mouvement ?   p. 21

Pourquoi ont-elles quasiment disparu il y a
quarante ans ?   p. 48

Quelle est aujourd'hui leur réalité, au-delà
de l'alimentation ?   p. 58

Qu'apportent réellement les coopératives ?   p. 70

En quoi sont-elles liées à une manière plus
démocratique et locale d'envisager l'économie ?   p. 73

Dans la même collection

Déjà parus

Dis, c'est quoi le féminisme ?
Dis, c'est quoi le populisme ?
Dis, c'est quoi les droits de l'enfant ?
Dis, c'est quoi le harcèlement scolaire ?
Dis, c'est quoi les droits de l'homme ?
Dis, c'est quoi la citoyenneté ?
Dis, c'est quoi une religion ?
Dis, c'est quoi le transhumanisme ?
Dis, c'est quoi la franc-maçonnerie ?
Dis, c'est quoi un génocide ?
Dis, c'est quoi la guerre ?
Dis, c'est quoi le capitalisme ?
Dis, c'est quoi les théories du complot ?
Dis, c'est quoi la discrimination ?
Dis, c'est quoi l'euthanasie ?
Dis, c'est quoi la démocratie ?
Dis, c'est quoi l'antisémitisme ?
Dis, c'est quoi l'esprit critique ?
Dis, c'est quoi l'immigration ?
Dis, c'est quoi l'identité ?
Dis, c'est quoi la colonisation ?
Dis, c'est quoi l'homophobie ?
Dis, c'est quoi la laïcité ?
Dis, c'est quoi l'islam ?
Dis, c'est quoi le genre ?
Dis, c'est quoi l'antifascisme ?
Dis, c'est quoi l'intelligence artificielle ?
Dis, c'est quoi le racisme ?
Dis, c'est quoi les cryptomonnaies ?
Dis, c'est quoi le socialisme ?

À paraître

Dis, c'est quoi l'homoparentalité ?

ACHEVÉ D'IMPRIMER EN JANVIER 2023
SUR LES PRESSES DE L'IMPRIMERIE ARKA (POLOGNE)